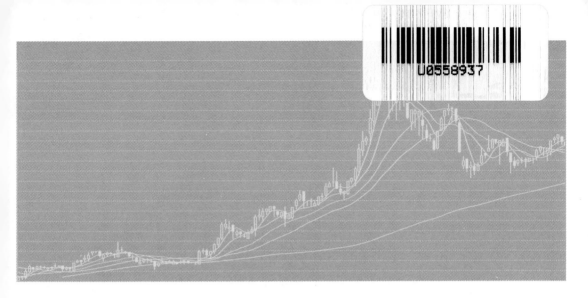

从零看盘做赢家

第二版

百 万 编著

经济管理出版社

ECONOMY & MANAGEMENT PUBLISHING HOUSE

图书在版编目（CIP）数据

从零看盘做赢家/百万编著. —2 版. —北京：经济管理出版社，2016.10
ISBN 978-7-5096-4636-6

Ⅰ.①从…　Ⅱ.①百…　Ⅲ.①股票交易—基本知识　Ⅳ.①F830.91

中国版本图书馆 CIP 数据核字（2016）第 232737 号

组稿编辑：勇　生
责任编辑：勇　生
责任印制：黄章平
责任校对：郭　佳

出版发行：经济管理出版社
　　　　　（北京市海淀区北蜂窝 8 号中雅大厦 A 座 11 层　100038）
网　　址：www.E-mp.com.cn
电　　话：（010）51915602
印　　刷：三河市延风印装有限公司
经　　销：新华书店
开　　本：720mm×1000mm/16
印　　张：15.5
字　　数：246 千字
版　　次：2016 年 11 月第 2 版　2016 年 11 月第 1 次印刷
书　　号：ISBN 978-7-5096-4636-6
定　　价：38.00 元

前 言
诠释看盘的真谛

一、认识大盘是一门功夫

没有哪一位投资者宣称自己完全通晓大盘蕴涵的所有知识，就算那些世界级的投资大师也不敢。大盘是股市亿万元资金流动的交通缩略图，哪里交通堵塞、哪里畅通无阻、哪里一片坦途、哪里崎岖不平……都一一显示在大盘上。认识大盘是股民炒股必须掌握的知识，就如同司机必须掌握交通规则一样。

有些投资者略微知道一点股票知识，就急匆匆地奔赴股市，投资信心高涨，入市心情迫切，以为一切尽在掌握中。他们随声附和着道听途说的各种利多消息，盲目地跟着潮流走。但是大盘才是股市的"航向标"。如果投资方向错误，怎么能到达目的地？只有顺应大盘的方向，正确地预测大盘的走势，投资者才能左右逢源，处处受益。

大盘是股市的指南针，只有认识大盘的股民才不会轻易迷路；大盘是车载 GPRS，只有认识大盘的股民才不会在股市交易中撞车；大盘是股市的温度计，只有认识大盘的股民才能随时把住股市冷热的脉搏……

认识大盘是一门功夫。这门功夫的深浅决定投资者的盈亏状态。

二、理解大盘是一种技巧

在股市中那些"常胜将军"被股民尊称"股神"。

就全世界而言，中国的"股神"或许不是最厉害的，但却是最多的。在普通股民看来，股神能推测出股市的走向，把握股市的命脉。但事实并非如此，股神的神奇之处或者秘笈就是对市场趋势不折不扣地服从；理解大盘所表达的意思并坚决服从大盘的发展趋势。

美国标准普尔首席市场分析师保罗·切尼曾说过："不识图表就不要做股票。"虽然我们并不完全赞同他的观点，但是可以坚信：理解大盘是一项技巧，不理解大盘，投资者要想在股市盈利，难如登天。

小时候父辈教育我们：书中自有黄金屋，书中车马多如簇。对于股市而言，我们也可以这么认为：大盘自有黄金屋，大盘车马多如簇。理解大盘的股民对此应该深有体会。大盘可以创造神话，也可以使梦想破灭。投资者如能理解它，就会发现大盘并不像它看起来那样冰冷无情，大盘的"千言万语"只对能读懂它的人诉说。

理解大盘是一种技巧，是一种征伐股市、力争上游、挑战人生的技巧。

三、学会看盘是一种技能

古希腊格言：如果你想强壮，跑步吧；如果你想健美，跑步吧；如果你想聪明，跑步吧。其实，在股市中，看盘就像跑步一样重要：如果你想赚10万元，学会看盘吧；如果你想赚100万元，学会看盘吧；如果你想赚1000万元，学会看盘吧。

我们都知道，渔夫打鱼需要学会撒网，理发师剪头发需要学会使用剪刀，军人作战需要学会使用枪炮。同样，股民炒股，必须学会看盘。不会撒网的渔夫不可能有收获，不会看盘的股民同样在股市捞不到"大鱼"，甚至还有可能失去"钓鱼的诱饵"。各行各业都有其赖以生存的技能，只有学好这种技能才能做好本行业的工作，才能在本领域有所发展。股民想在股市赚钱，必须学会看盘，这是一种起码的技能。

有些股民不认真学炒股的基本知识，却总喜欢打听小道消息，喜欢跟着大多数人走，喜欢花钱买内幕消息……这无疑是买椟还珠的行为。求人不如求己，投资者可以扪心自问：自己是否真的迫切想在股市赚钱，是否真的有征服股市的决心。如果答案是肯定的，那么就像军人练习射击技能一样，努力学习看盘吧，熟练掌握这项技能，才能纵横股市。

四、成功看盘是一次飞跃

虽然很多国际知名投资大师总是强调要长线操作，但是在我国，短线操作依然很受欢迎，依然是赚钱的有效手段。而短线操作的最重要工作就是时刻观察盘口，在高低起伏的线条、图表中捕捉稍纵即逝的良机。或许坚持价值投资的股民忽视看盘。但若想通过短线操作，希望在短线操作中大赚的投资者，必须学会看盘，精通看盘的技巧。如果你能成功看盘，并因此赚钱了，那么你在技术上、在投资理念上、在价值认可上，已经迈上了一个新的台阶。

在短线操作中，善于看盘的股民未必一定赚钱，但赚钱的股民一定是看盘的高手，这点毋庸置疑。学会看盘是一种赚钱的必要手段，成功看盘则是一次质的飞跃。那些从"股海"中勇敢地坚持到最后的股民，都会经过这种飞跃。付出努力后的收获，不能简单地用喜悦来形容。

杨某是北大双硕士，受聘于一家大型企业，但是由于非常喜欢股票投资，毅然辞去高薪的工作而转投证券交易行业。当上操盘手的他第一次试盘就出现严重操作失误。或许是运气不好，或许是缺乏操盘手的洞察力，他连续五次试盘失败。他有些垂头丧气了，决定进行最后一次操盘，如果依然失败就退出此行业。可能是天道酬勤，也可能是这次运气好点，他此次的操盘非常完美，堪称经典。在庆功酒会上，他非常感慨地对同事说："操盘的成功与否完全在对整个大盘的理解上，真正理解了影响大盘变化的根本性因素，看盘跟看戏剧也就没什么区别了。"自此之后，杨某操盘越来越轻松，技术也越来越娴熟，几乎从没失败过。虽然如今成功操盘对他而言如家常便饭，但是他总是记得第一次操盘成功时的感觉，那是一种升华，一种对股市的大彻大悟。

有些投资者第一次投资股票就赚钱了，于是就认为自己已经善于看盘了，这是幼稚的。一些投资者虽然赚钱了，但却根本不明白为什么赚钱，甚至完全是被运气的"馅饼"砸到。相反，那些亏钱了的投资者却有可能对看盘更有研究，虽然亏钱了，但总结经验后无疑对看盘的认识再次加深了，如此积累，必将有取得成功的一天。这种成功是牢不可摧的，就像上面讲的杨某一样，经历风雨后才能见到真正的彩虹，而不是海市蜃楼。成功操盘是一种飞跃，如破茧成蝶一般，摆脱了枷锁，可尽情地"飞舞在股市中"。

目 录

第一章　破解量价运行的轨迹 ⋯⋯⋯⋯⋯⋯⋯⋯⋯⋯⋯⋯ 1

第一节　成交量看盘技巧 ⋯⋯⋯⋯⋯⋯⋯⋯⋯⋯⋯⋯⋯⋯ 1
　　一、开盘放量上冲 ⋯⋯⋯⋯⋯⋯⋯⋯⋯⋯⋯⋯⋯⋯⋯ 1
　　二、底部放量 ⋯⋯⋯⋯⋯⋯⋯⋯⋯⋯⋯⋯⋯⋯⋯⋯⋯ 3
　　三、底部无量涨停 ⋯⋯⋯⋯⋯⋯⋯⋯⋯⋯⋯⋯⋯⋯⋯ 4
　　四、放量涨停 ⋯⋯⋯⋯⋯⋯⋯⋯⋯⋯⋯⋯⋯⋯⋯⋯⋯ 6
　　五、盘中巨量 ⋯⋯⋯⋯⋯⋯⋯⋯⋯⋯⋯⋯⋯⋯⋯⋯⋯ 8
　　六、缩量上涨 ⋯⋯⋯⋯⋯⋯⋯⋯⋯⋯⋯⋯⋯⋯⋯⋯⋯ 10
　　七、突放巨量 ⋯⋯⋯⋯⋯⋯⋯⋯⋯⋯⋯⋯⋯⋯⋯⋯⋯ 12

第二节　量价分析实战 ⋯⋯⋯⋯⋯⋯⋯⋯⋯⋯⋯⋯⋯⋯⋯ 14
　　一、低量低价 ⋯⋯⋯⋯⋯⋯⋯⋯⋯⋯⋯⋯⋯⋯⋯⋯⋯ 15
　　二、量增价平 ⋯⋯⋯⋯⋯⋯⋯⋯⋯⋯⋯⋯⋯⋯⋯⋯⋯ 15
　　三、量增价涨 ⋯⋯⋯⋯⋯⋯⋯⋯⋯⋯⋯⋯⋯⋯⋯⋯⋯ 17
　　四、量缩价涨 ⋯⋯⋯⋯⋯⋯⋯⋯⋯⋯⋯⋯⋯⋯⋯⋯⋯ 18
　　五、量增价跌 ⋯⋯⋯⋯⋯⋯⋯⋯⋯⋯⋯⋯⋯⋯⋯⋯⋯ 20
　　六、量缩价跌 ⋯⋯⋯⋯⋯⋯⋯⋯⋯⋯⋯⋯⋯⋯⋯⋯⋯ 21

本章小结 ⋯⋯⋯⋯⋯⋯⋯⋯⋯⋯⋯⋯⋯⋯⋯⋯⋯⋯⋯⋯ 22

方法链接 ⋯⋯⋯⋯⋯⋯⋯⋯⋯⋯⋯⋯⋯⋯⋯⋯⋯⋯⋯⋯ 24

第二章　点击 K 线图的现实意义 ⋯⋯⋯⋯⋯⋯⋯⋯⋯⋯ 27

第一节　单根 K 线图的看盘技巧 ⋯⋯⋯⋯⋯⋯⋯⋯⋯⋯ 27
　　一、大阳线 ⋯⋯⋯⋯⋯⋯⋯⋯⋯⋯⋯⋯⋯⋯⋯⋯⋯⋯ 28

二、大阴线 …………………………………………… 29

三、小阳线 …………………………………………… 30

四、小阴线 …………………………………………… 31

五、十字线 …………………………………………… 32

六、长十字线 ………………………………………… 33

七、T 字线 …………………………………………… 33

八、倒 T 字线 ………………………………………… 34

九、锤头线 …………………………………………… 35

十、倒锤头线 ………………………………………… 37

十一、射击之星 ……………………………………… 38

十二、吊颈线 ………………………………………… 40

第二节　K 线组合图形的看盘技巧 ………………… 42

一、早晨之星（希望之星）………………………… 42

二、曙光初现 ………………………………………… 43

三、平底 ……………………………………………… 43

四、塔形底 …………………………………………… 44

五、圆底 ……………………………………………… 46

六、红三兵 …………………………………………… 46

七、下探上涨形 ……………………………………… 47

八、上涨两颗星 ……………………………………… 48

九、上升三部曲 ……………………………………… 48

十、两阳夹一阴 ……………………………………… 49

十一、黄昏之星 ……………………………………… 49

十二、穿头破脚 ……………………………………… 50

十三、平顶 …………………………………………… 50

十四、圆顶 …………………………………………… 51

十五、下降覆盖线 …………………………………… 51

十六、低档盘旋形 …………………………………… 52

十七、黑三兵 ………………………………………… 52

十八、阳线跛脚形 …………………………………… 53

十九、两阴夹一阳 ………………………………… 53

二十、乌云盖顶 …………………………………… 54

二十一、上档盘旋形 ……………………………… 55

二十二、下跌三连阴 ……………………………… 55

第三节 K线图实战分析 ………………………… 56

一、底部买入信号 ………………………………… 56

二、上升途中买入信号 …………………………… 62

三、乌云线 ………………………………………… 64

四、挽袖线 ………………………………………… 65

五、上跳空星形线 ………………………………… 66

六、高位待入线 …………………………………… 67

七、高位切入线 …………………………………… 67

八、高档横盘大阴线 ……………………………… 68

九、齐头并列线 …………………………………… 69

本章小结 ………………………………………… 70

方法链接 ………………………………………… 71

第三章 探寻分时图的玄机 …………………… 75

第一节 分时图看盘技巧 ………………………… 75

一、开盘阶段 ……………………………………… 75

二、盘中阶段 ……………………………………… 76

三、四个维度 ……………………………………… 77

第二节 分时图分析实战 ………………………… 80

一、开盘急跌 ……………………………………… 80

二、一波三折 ……………………………………… 81

三、向上突破平台 ………………………………… 82

四、跌破横盘平台 ………………………………… 82

五、双平底 ………………………………………… 84

六、突破前高 ……………………………………… 84

本章小结 ………………………………………… 87

方法链接 ……………………………………………………… 88

第四章　研判趋势的深刻警示 …………………………… 91

第一节　趋势看盘技巧 ………………………………… 91

一、头肩顶和头肩底 ……………………………… 92

二、双重顶（M 头）和双重底（W 底）………… 94

三、V 形底和倒置 V 形 ………………………… 96

四、顶部岛形反转和底部岛形反转 ……………… 98

五、旗形与尖旗形形态 …………………………… 100

六、三角形 ………………………………………… 102

七、圆形形态 ……………………………………… 107

八、多重底 ………………………………………… 109

九、潜伏顶底 ……………………………………… 110

十、楔形 …………………………………………… 113

十一、矩形 ………………………………………… 115

第二节　趋势分析实战 ………………………………… 118

一、辨析趋势期限 ………………………………… 118

二、顺应趋势方向 ………………………………… 120

三、震荡整理 ……………………………………… 122

四、上升前三个阶段 ……………………………… 123

五、下跌前三个阶段 ……………………………… 125

本章小结 ………………………………………………… 126

方法链接 ………………………………………………… 127

第五章　奏响均线的生命之歌 …………………………… 131

第一节　单一均线看盘技巧 …………………………… 131

一、多头排列 ……………………………………… 131

二、空头排列 ……………………………………… 132

三、均线金叉 ……………………………………… 133

四、均线死叉 ……………………………………… 133

五、银山谷 …………………………………………… 134

六、金山谷 …………………………………………… 134

七、死亡谷 …………………………………………… 134

第二节　组合均线看盘技巧 ………………………… 135

一、首次黏合向上发散形 …………………………… 135

二、首次黏合向下发散形 …………………………… 136

三、首次交叉向上发散形 …………………………… 136

四、首次交叉向下发散形 …………………………… 137

五、再次黏合向上发散形 …………………………… 137

六、再次黏合向下发散形 …………………………… 138

七、再次交叉向上发散形 …………………………… 138

八、再次交叉向下发散形 …………………………… 139

第三节　移动平均线实战技巧 ……………………… 140

一、上山爬坡与下山滑坡 …………………………… 140

二、逐浪上升与逐浪下降 …………………………… 143

三、加速上涨与加速下跌 …………………………… 144

四、快速上涨与快速下跌 …………………………… 145

五、烘云托月与乌云密布 …………………………… 147

六、蛟龙出海与断头铡刀 …………………………… 148

本章小结 ……………………………………………… 149

方法链接 ……………………………………………… 152

第六章　驾驭技术指标分析 ………………………… 155

第一节　技术指标看盘技巧 ………………………… 155

一、指数平滑异同平均线 …………………………… 155

二、随机指标 ………………………………………… 158

三、指数平均数 ……………………………………… 161

四、动向指标 ………………………………………… 162

五、相对强弱指标 …………………………………… 163

六、多空指标 ………………………………………… 164

　　七、布林线 ·· 165

第二节　技术指标分析实战 ···························· 166

　　一、MACD 分析 ····································· 167

　　二、KDJ 分析 ······································· 169

　　三、EXPMA 曲线交叉 ····························· 170

　　四、DMI 曲线交叉 ································· 172

　　五、RSI 曲线交叉 ································· 172

　　六、BBI 多空指标 ································· 172

　　七、BOLL "喇叭口" ····························· 173

本章小结 ·· 174

方法链接 ·· 175

第七章　修炼顶底部的细节确认 ···················· 179

第一节　顶部看盘技巧 ······························· 179

　　一、长期顶部 ····································· 180

　　二、中期顶部 ····································· 180

　　三、短期顶部 ····································· 181

　　四、上涨中的腰部 ································· 181

第二节　底部看盘技巧 ······························· 182

　　一、长期底部 ····································· 183

　　二、中期底部 ····································· 183

　　三、短期底部 ····································· 184

　　四、下跌中的腰部 ································· 184

第三节　顶底部分析实战 ······························ 186

　　一、行情见顶 ····································· 186

　　二、有效逃顶 ····································· 189

　　三、盘中底部 ····································· 190

本章小结 ·· 192

方法链接 ·· 193

第八章 吃定庄家，共舞奇迹 ················· 197

第一节 跟庄看盘技巧 ················· 197

一、卖压 ··················· 197

二、抛压 ··················· 198

三、打压 ··················· 200

四、洗盘 ··················· 201

五、变盘 ··················· 206

六、砸盘 ··················· 207

第二节 跟庄分析实战 ················· 212

一、暴跌的庄股 ················ 213

二、再度走强的庄股 ·············· 214

三、除权后寻找填权机会的庄股 ········ 216

四、上影线骗线 ················ 218

五、下影线骗线 ················ 219

本章小结 ····················· 220

方法链接 ····················· 221

附 录 ························· 225

附录一 如何利用大智慧软件看大盘 ········· 225

附录二 操盘 K 线技术口诀一览表 ·········· 231

第一章　破解量价运行的轨迹

　　成交量是看盘的一项重要内容。许多投资者对成交量的变化规律认识不清，找不到切入点，在关键时刻不知道如何运用成交量判断行情趋势。本章将告诉投资者股价随成交量变化的奥秘。

第一节　成交量看盘技巧

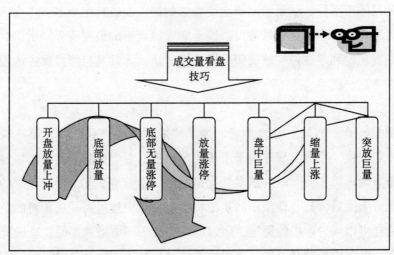

图1-1

一、开盘放量上冲

　　在股市中经常会出现一种情况：某股在开盘后突然出现急速的放量上攻态势，往往 30 分钟甚至 15 分钟的成交量就会超过平常一天的成交量。其实，在股市中，对于任何一只股票来说，抛盘天天都会有，尤其上涨后抛压会更大。但是，如果在基本面上无任何利好消息，大盘的走势也较平稳甚至下跌的情况下，开盘后放量上攻，就将其定为放量上冲。

对于有经验的投资者来说，当基本面和大盘都处于平静的状态下时，开盘后出现很大的成交量，显然是不正常的。股市中存在一种约定俗成的说法：放量跟进。但是，在不正常的状态下，投资者必须保持清醒的认识，对开盘后放量上冲进行客观的评定。通常存在一种情况，开盘放量上冲是主力之类的投资者在人为运作。

主力投资者运作动机是什么？无外乎两种可能：一是主力想往上做；二是主力想出货。

虽然这样的结论不确定，但是投资者应注意到一个不容忽视的细节——主力正在加大力度促进放量。

1. 主力想往上做

对于主力想往上做的情况，我们可以简单地分析一下。既然主力想往上做，为什么还要自买自抛呢？主力想吸引市场的注意力，吸引市场投资者参与。其目的很明显，就是希望买盘更快速的进入。道理很简单：主力已经不愿意再增加筹码了。这种做法可以说是职业操盘手的最高境界。所以，投资者务必要正确判定这种"放量跟进"投资方法，尤其是想短线跟庄的投资者更要注意这一点。

2. 主力想出货

根据经验，如果主力想出货，为了赚取更大的赢利，首先要把股价抬高。一般来说，股价上涨取决于市场买盘推进、主力买进推高和市场抛盘减少三个方面。而主力面对的最多情况是抛盘。通常情况下，手拿抛单的投资者在股价上涨后，其心理预期的卖出价会在潜意识被提高，从相对的角度上讲，这样可以减少市场的抛压。所以，主力为了不再增加筹码，会选择一个相对有利的时段来抬高股价。一般而言，这个时段就是开盘的时候，因为那时的市场处于观望状态，抛盘不会立刻压出来。但是很多主力老谋深算，在拉高股价出货前会有一次试盘，将股价打低甚至用连续跌停的方式将大多数的获利盘洗掉。此时，如果短线投资者介入，可随同主力拉高出货，获取丰厚的利润。

说到底，主力抬高股价，既是为了减轻抛盘的压力，增加持股者信心，也是为了不让股价继续下跌。采取这种做法股价确实高涨了，但是主力一旦撤出，股价很快就跌回原位，甚至持续下跌。当主力不再运作时，如何维持股价不跌才是"放量跟进"的关键所在。

二、底部放量

股价从高处回落，大部分股民被套，只有极少部分做长线的投资者从中获利，这是分析底部放量的前提。我们知道，一旦股民被套时，除非遇到个股基本面剧变或大盘暴跌，不然放量很难出现。但在现实股市中，却出现了底部放量这种现象，分析人士称其为非正常状态，同时还指出这种现象的出现很可能是受到非市场因素的干扰所致。

伴随底部放量的出现，在实际情况中一般存在三种趋势：

1. 底部放量上涨

如果股价处于长期低位中，那么绝大部分的股民肯定已经被高高地套在上面，而且手拿资金准备买进该股的投资者也一定是凤毛麟角。所以，主力在底部放量的意图很明显，就是希望营造"有量会涨"的氛围。也就是说，出现大成交量的唯一理由就是残存主力的对倒，吸引市场资金的跟进。

投资专家指出，底部放量上涨一般都是盘中主力所为。根据经验，即使有利好的消息出台，高位套牢盘也不会轻易放血，所以就更加确定底部放量的操纵者身份了。除了盘中主力外，也有可能是控盘庄家所为，如果该股被控盘庄家操纵，那么该股的未来走势就很难超过大盘了。

2. 底部放量下跌

无利而不为是市场的铁律。主力在底部以不惜成本的方式进行对倒，其用意是吸引投资者的进入，进而达到减仓或者出逃的目的。有时为了更好地饰演迷惑剧情，主力会在向下破位出货前做一个低调反弹，进行试盘。试盘时，主力会有两种表现：

（1）当投资者买盘进来后，会先往上做一段时间，然后再进行杀跌出货。

（2）如果试盘的效果不理想，主力就会采取一路向下砸盘的操作方式。

下跌走势是无利可图的，一般很少有人关注下跌情况。但是，投资者必须明白一点，如果股价持续下跌必然使自己套得更深，所以，关注下跌行情同样重要。

一般而言，底部放量下跌是指突破支撑线以后持续走跌。在这种情况下，投资者需要注意以下两个方面：

（1）开始突破时就有成交量伴随，说明股价还有回升的希望。

（2）突破时无量，而下跌中出现放量，说明主力回天乏术，已经认赔出局，后市令人堪忧。

3. 底部放量盘整

与底部放量上涨和下跌不同，底部放量盘整的情况要复杂得多，主要表现在以下三个方面：

（1）主力护盘。大盘一路下跌，股价应该也是下跌的，但是股价基本上是以盘整为主，说明仍有主力在护盘。但由于护盘必须增加买进的股票，所以此时呈现出的特点是量能放得不是很大。这可能是因为主力资金注入或者其他动机所致。

（2）换主力。如果成交量特别大，很可能是在换主力。通常换主力预示着该股还存在拉升行情的机会，而很多新主力也会在市场上继续买进股票或者进行打压震仓。换主力时最显著的特点是盘中不会经常出现巨大单子的换手，且股价的震荡幅度不大。

（3）主力分仓。顾名思义，坐庄的主力将一部分股票买进后锁定，而有买家恰好需要大量买进股票，只好与该主力商定接手主力股票，所以会出现短暂的放量。简单地说，就是一次大单交易。投资者需要注意，主力分仓时的特点是盘中多次出现放量，但始终没有明确的上推或下压股价的意图，且股价震荡幅度也不大。

三、底部无量涨停

投资专家指出：真正的底部不是量堆出来的，底部是自己走出来的。所以，投资者必须记住一点：真正的底部是没有量的。

在讨论底部无量涨停之前，我们必须明白一个概念——底部。其实底部只是一个相对性的概念。如股价从 10 元跌到 8 元，随后进入整理阶段，那么底部就在 8 元的位置。但是过了一段时间之后，该股从 8 元跌到 5 元，那么相对 8 元来讲，5 元就是我们所说的"底部"。

在市场中，无量涨停的实例是经常出现的，如中银绒业于 2008 年 12 月

17日直接无量涨停，报收价3.96元，跳空跃上持股线，后市看好。如图1-2所示。

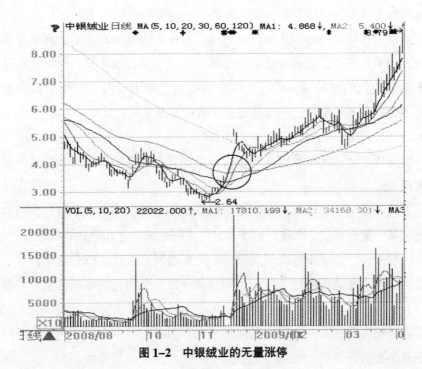

图1-2 中银绒业的无量涨停

资深的投资者都知道，底部放量的结果往往凶多吉少，除了以下两种特定的情况：

（1）当盘中主力对倒做量完成以后，此时大盘恰好走强。但是，盘中主力的首要任务是减仓，所以受控股绝对不会进入强势股行列。

（2）底部换主力。在这种情况下，新主力未必会立刻买进股票，多数情况下他们还会打压股价。

所以，投资者决不能仅仅通过是否放量来确定底部的成立。

根据市场操作经验，涨停无量一般会出现以下两种情况：

1. 下跌放量、底部有量而涨停无量

这种情况下，股价必然是从高处跌落到目前底部位置的，而在前期的跌落过程中呈现放量，一般表明以下两种情形：

（1）有主力出逃。

（2）主力的资金存在问题，如被抵押在外的股票或老鼠仓大量出逃。

　　短线投资者往往对这种主力出现问题的股票很感兴趣，所以在底部出现放量很正常。但有一点需要指出，如果底部出现持续放量，投资者就不能单纯地理解为是短线投资者介入而导致的，一般可判定为新主力介入。

　　新主力往往是一些短庄，当然这个"短庄"也是相对性的。如果不幸陷进去，很多短庄也会做成长庄。由于新主力的股票在股市里，所以他们从心理上希望股价能够拉得高些，从这个角度讲，股市中没有对倒。股价上涨后，不会立刻出现卖盘，所以就造成了涨停无量这一状况。

　　2. 下跌无量、底部无量而涨停无量

　　像这样的"三无"状况在股市中也是经常会出现的，很多老股民称其无声无息。

　　下跌无量、底部无量，在这两个阶段是不是都没有主力参与？我们如何断定这其中是否有主力隐藏？涨停无量的出现，说明这其中必然有主力参与。

　　一般来说，如果出现涨停无量，一方面表明主力没有减仓意愿，另一方面也表明主力愿意再增加仓位。我们只能得出一个结论，那就是主力非常有实力。

　　有分析人士指出，不论出现何种情况，后市都可以看高一些，这可以从以下两个方面来分析：

　　（1）从逻辑上说，因为没有看到建仓的过程，即使是新主力，其建仓也应该没有完成。

　　（2）从主力建仓的途径来说，存在被动式的逢低吸纳、主动式的拉高建仓以及震荡式的强势吸引投资者入市三种情况。但从"三无"状况来看，这三个过程都没有出现，所以我们可以先将它看成盘中老主力所为，在涨停以后可以进一步观察是否会出现这三种建仓的状况。

四、放量涨停

　　根据目前的交易规则，除了特殊情况外，股票当日涨幅不能超过10%，如果股票上涨10%就要封涨停板。如果个股交易没有买盘，即买盘五档都为0，分时线就是直线涨停。

　　2009年5月中旬，海特高新（002023，收盘价10.62元）逆势放量涨停，如图1-3所示。业内人士称，出现这种情况，可能是当日海特高新的大股东海富通旗下基金兑现所导致的。

图1-3 海特高新的放量涨停

不管是哪种可能，我们都可以肯定：该股一定有主力在其中运作，且该主力对市场比较了解、愿意让市场在目前价位跟进。所以投资者可以继续关注并具体分析该股票。

有分析人士指出，主力故意做出成交量来吸引市场跟进，主要有两种可能：

（1）主力的仓位已经达到预期的要求，无法再增加仓位，但持有的仓位并没有达到控盘的程度。

（2）主力已经被高高地套在上面，即使再增加部分仓位也无法把成本有效地降下来。

放量涨停这一现象在股市中比较常见，如2005年7月12日襄阳轴承就出现了这种情况，如图1-4所示。襄阳轴承的股价涨停并非属于尾市的偷袭，所以主力在此低价区企图拉高出逃的可能性微乎其微。

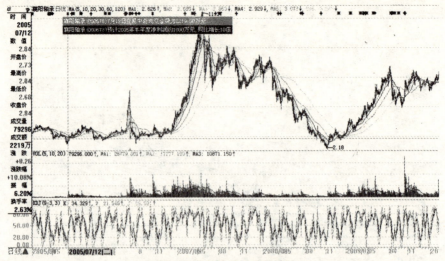

图1-4　襄阳轴承的放量涨停

其实，主力在最终阶段是否会继续推升股价的关键取决于基本面。主力会根据公司公告的业绩预期来判断股价是否还具备上升空间。我们针对襄阳轴承仔细分析一下，该公司的轴承在全国的重卡市场上占有率相当高，更重要的是钢材的成本占到了极大的比例，因此目前大幅度下跌的钢材价格绝对不是可以忽略的因素。由于该股总盘子仅1.4亿股，属于迷你型小盘股，一旦钢材价格下跌的效应体现出来，业绩再次出现大幅度增长显然是可能的。

所以，投资者在分析放量涨停这一现象时，不单要看大盘本身的走势，还要将个股的属性以及相关影响因素综合分析，这样才能得出比较准确的结论。

五、盘中巨量

盘中巨量是指在当天交易时段内出现了巨大的交易单子。举个简单的例子，平常的日成交在100万股左右的股票突然激增到1000万股，或者说尽管日成交量并没有激增，而盘中的接抛盘却出现了巨大的单子。投资者需要注意这一点，如果基本面上没有变化，那么盘中巨量就是一个非自然的市场交易行为。

以襄阳轴承（000678）为例来说明盘中巨量这一现象。连续多日成交在200万股左右的襄阳轴承在2005年9月5日突然放出1197万股的巨量，如

图 1-5 所示。

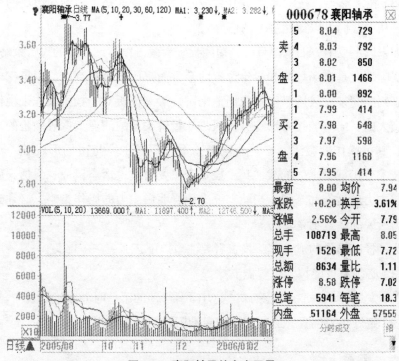

图 1-5 襄阳轴承的盘中巨量

通过观察我们就会发现，接抛盘出现了翻天覆地的变化，上下各五个价位的单子全部都是三位数以上，也就是说每一个价位都有几万股的买单或者卖单。但由于成交量依然不大，股价也就没有大的波动。下午的情况发生了变化，巨大的接抛盘依然存在，并且出现了巨大的成交单子，股价也随之上涨，最后以大涨报收。

这是一次非常明显的盘中巨量的实例。这种现象表明盘中主力正在有所作为，也就是说，在这种状况下有投机的机会。短线投资者需要注意，这里所说的机会绝对是短线机会。

如何判定出现盘中巨量现象的股票是否有投机机会，主要取决于市场环境、股价位置和技术形态三个方面。

（1）市场环境。市场环境是必不可少的，如果市场行情表现出一路下跌，说明这并不是短线投机的环境。

（2）股价位置。股价位置可以决定我们所承担的风险。如果股价已经从一个相对的低点上涨很多并且涨幅远远超过大盘，那么我们同样不予考虑。

（3）技术形态。技术形态是由 K 线图形成的，这是主力参与市场的交易结果，从中我们可以得到主力的信息。

如果以上三个方面情况良好，短线投资者就可以考虑相应的投资策略了。

实际情况是市场环境和股价位置两个方面都比较容易判断，但第三个技术形态判断起来比较困难。从应用上来讲，形态分析对于投机操作来说作用是相当大的。简单的技术形态分析只是从量价关系的演变上探寻股价的未来趋势，其可操作性微乎其微。当确定图形分析是主力与市场形成唯一对垒时，技术分析就是主力的战前兵，投资者只要将技术形态读懂、看透，就能够抓住主力的运作动态了。当然，要准确弄明白主力的操作策略，必须先判定主力所说的话是不是真的。

为了提高操作的成功率，投资者要注意以下三条：

（1）必须有重要技术位置做支撑。

（2）发现异动后加以跟踪，在主力向上行动的第一时间跟进。

（3）定好止损位置，必须在跌破启动阳线的时候止损。

六、缩量上涨

缩量上涨是指在股票价格或指数上涨的过程中成交量较前段交易日出现了明显萎缩。一旦出现这种现象，说明成交的只是场内资金买盘，而场外资金进场的表现并不积极。我们从以下两个方面来分析：

1. 大盘方向

（1）如果该现象出现在相对低位，说明投资者观望气氛浓厚。空头经过前期的打压，能量也消耗不少，多空对决，多方略胜一筹。接下来量能温和放大。上涨的持续性值得期待。

（2）若在相对高位，随着股指的上涨，投资者变得谨慎起来，追高意愿不强。一旦后续能量不能随着股指的上涨有所放大的话，见顶回落的可能性较大。

2. 个股角度

（1）开盘即涨停，持续至收盘，说明该股可能有重大利好，且被机构主力提早得知，在集合竞价时即进入，而持股者舍不得卖出。

（2）涨停的自然缩量，说明该股已经连续大跌，斩仓割肉者基本出局，剩下来的是意志坚定者，因此抛压不大，买入推高股价轻而易举，少量资金即可，于是缩量上涨。

（3）行情低迷，大家做多、做空意愿不强，持股者和场外人士普遍持观望态度，此时多数是缩量，有可能上升也有可能下跌，但幅度一般不大。

对于量价关系来说，这只是一个一般规律，价格还是要由买卖关系决定，因此量价关系只能作为参考。

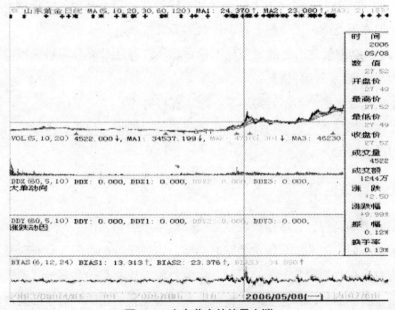

图 1-6　山东黄金的缩量上涨

山东黄金（600547）在 2006 年 5 月 8、9、10 日这三天出现缩量上涨的走势，如图 1-6 所示。5 月 8 日该股出现缩量上涨趋势，在股市中出现缩量并不足为奇。而 5 月 9 日股价接近涨停却未封涨停，成交量也并不算大，还没有超过前期的最大值，这就有些耐人寻味了——既然涨停不封死，走势显得疲软，价格又处于历史新高，为什么成交量不明显？通过分析，我们了解到 9 日该股之所以创新高不封涨停却放不出量来，是因为它已经无量可放，该回吐的，在 8 日已经回吐。而 5 月 10 日的分时走势图上午显得有些软弱，但没有跌下来，在 9 日收盘价的上方震荡，但成交量比前一天更大幅度地缩小。10 日价格再创新高而量更小，说明回吐的空头已被彻底清洗干净了。所以，它根本不可能下跌！这预示着一轮上升行情即将启动！

这种上升行情的启动，是一种强烈看多的缩量不封涨停的方式，它只有在更高的价位，才有机会震荡放出量来。一般情况下，股价启动一轮上升行情时应该放量配合。如果一轮上升行情采用缩量不封涨停的方式启动，表明是一种强烈看多的信号，短期内股价将会继续快速上涨。

这其中有两个细节需要注意：

（1）缩量不封涨停，创出新高。大涨并且全天大多数时间却并未封停，既不放量（无量可放），又不下跌。如果直接封住涨停不开板，缩量就没什么稀奇，但并不是谁都敢缩量不封涨停地向上攻击。

（2）启动缩量攻击之前要充分缩量。如果没有经过充分缩量就启动缩量攻击，会出现以下两种情况：

①启动攻击的个股不容易缩量，除非直接封停。

②在市场热烈气氛的衬托下，启动攻击的个股也可以缩量不封停向上攻击，但后患较大。

七、突放巨量

根据市场经验，很多投资者认为成交量是不会骗人的。一般来讲，成交量的大小与股价的涨跌呈正比关系。当然，这种量价配合的观点有时是正确的，有时也很片面，甚至是错误的。也就是说，成交量也会骗人。通过具体的分析，我们就可以知道突放巨量往往是主力设置的陷阱。对于那些对量价分析似懂非懂的投资者来说，最容易深受其害。

在市场中，突放巨量主要有以下三种表现形式：

1. 上涨过程中突放巨量

一般来说，上涨过程中突放巨量通常表明多方的力量使用殆尽，后市继续上涨将十分困难，即"先见天量，后见天价"。

2. 下跌过程中突放巨量

下跌过程中的突放巨量一般是空方力量的最后一次集中释放，后市继续深跌的可能性很小，短线的反弹可能就在眼前了，最常见的就是"市场在恐惧中见底"。

3. 逆势中突放巨量

逆势放量，在市场一片喊空声中放量上攻，必将营造出十分醒目的效果。这类个股往往只有一两天的行情，随后加速下跌，使许多在放量上攻那天跟进的投资者被套牢。

广州控股在 2010 年 1 月 8 日出现了突然放量，如图 1-7 所示。其量比达到 5.74 倍，位列沪市第一位。广州控股从 2010 年最小成交额 2700 万元突然间达到 2.66 亿元。分析人士指出，该股从 2006 年以来曾经出现过几次量比突然放大的现象。2010 年该股的突然放量是否是在预示着其能够稳定增长呢？这需要投资者密切关注一下。

如果投资者要想正确判断成交量，首先应该关注趋势，因为趋势才是成交量变化的关键所在。股市名言"天量天价，地量地价"。当然，在股价走势中，量的变化有许多情况，最难判断的是一个界限，多少算放量，多少算缩量。所谓的"天量"或者"地量"只是相对而言的。

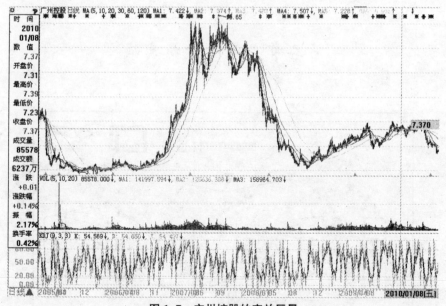

图 1-7　广州控股的突放巨量

从理论上讲，市场上存在一种共性认识，即股价的上涨必须要有量能的配合，如果是价涨量增，则表示上涨动能充足，预示股价将继续上涨；反之，如果缩量上涨，则视为无量空涨，量价配合不理想，预示股价不会有较大的上升空间或难以持续上行。

其实，实际情况并非如此，股价上涨初期需要价量配合，上涨一段后可能就不会遵循理论规律了，因为主力控盘个股的股价往往越是上涨成交量反而呈萎缩之势，除非再次放量上涨或高位放量滞涨，而此时则预示着出货在即。

如果上涨过程中没有出现放量，表明没有人卖股票，但盘面却保持和谐的走势，这就说明持有者一致看好后市走势。所以，股价的上涨根本没有抛盘，大部分股票已被主力锁定，在没有抛压的情况下，股价的上涨并不需要成交量。

下跌末期，市场上必然会出现一些人抢反弹。由于弱势反弹主要靠市场上的舍不得卖出股票心理来支撑，止跌反弹的初期往往会在恐惧中见底，因此就容易形成大放量。但有一点需要注意，如果在弱势反弹中出现再度放量，说明股价已松动，预示着下一轮的跌势即将开始。

第二节 量价分析实战

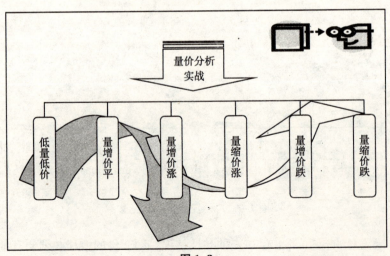

图 1-8

一、低量低价

低量低价主要是指个股（或大盘）成交量非常稀少的同时，个股股价也非常低的一种量价配合现象。根据市场经验，低量低价一般只会出现在股票长期底部盘整的阶段。

当股价从高位一路下跌后，随着成交量的明显减少，股价在某一点位附近止跌企稳，并且围绕这一点位进行长时间的低位横盘整理。经过数次重复筑底以后，股价最低点也日渐明朗，与此同时，由于量能逐渐萎缩至近期最低值，从而导致股票的走势出现低量低价的现象。

在这里提醒广大投资者，低量低价的出现，并不能作为买入股票的根据，它的出现只能说明股价阶段性底部形成的可能性得到加固。所以，投资者应对该股的基本面是否良好、是否具有投资价值等情况进行研判后，再作出投资决策。

二、量增价平

量增价平主要是指个股（或大盘）在成交量增加的情况下，个股股价几乎维持在一定价位呈水平式上下波动的一种量价配合现象。简单地讲，就是某只股票的收盘价与昨日或前几日的收盘价比较，出现价格相等或价差极小的情形称为"价平"，或是当日出现开盘价、收盘价同价线，价格涨跌幅度极小时，也可以称为"价平"或"价不跌"。此时，量能只要稍微增加，就可称其为量增价平。

经过长期的市场观察，我们发现：量增价平既会出现在上升行情的各个阶段，也会出现在下跌行情的各个阶段。

与此同时，投资者还要注意一点，量增价平既可以作为卖出股票的信号，也可以作为买入股票的信号。其买卖信号的主要特征，就是要投资者准确判断"量增价平"中的"价"是高价还是低价。其实，很多资深的投资者会把量增价平放在上涨和下跌两种不同行情中进行研判。

1. 上涨行情

如果股价在经过较长一段时间的上涨后处在相对高价位时，成交量仍在增加，股价却没有继续上扬，呈现出高位量增价平的现象，则表明市场主力在维持股价不变的情况下，正在悄悄地出货。

也就是说，股价高位的量增价平是一种顶部反转的征兆，如果接下来股价掉头向下运行，预示着股价顶部已经形成。此时，投资者应注意股价的高位风险。

在上涨行情中，量增价平的表现形式主要有以下四点：

（1）多头初升形式。在股价上涨初期，量增价平的出现可视为股票良性换手的现象，有时也可能是主力介入吃货的迹象，投资者可以在这个时候逢低买入。

（2）多头主升形式。如果量增价平出现在多头主升段的中、末期，投资者应持观望态度。一般而言，这种现象属于主力换手或者拉高出货的先兆，有时也是走势回调的征兆，因此投资者应该注意卖出时机。尤其是股价上涨到预测的相对满足点附近时，说明卖压已经渐渐增强，行情可能出现止涨，甚至进入盘跌走势。

（3）多头回调整理形式。当股价进入涨势满足点后，便开始回调整理，此阶段的整理有可能使盘势回升，也有可能因为盘整过久而形成顶部，使股价反转下跌。

（4）多头末升形式。多头末升阶段也就是股价从盘面坚挺走入盘跌阶段。如果量增价平当日留有长上影线的 K 线形态，如避雷针、十字线之类，并且后续走势接连几个交易日都无法克服该上影线高点的话，说明主力已经出货，股价必将受到重挫。

2. 下跌行情

如果股价在经过比较长的一段时间下跌后，处在低价位时，成交量开始持续放出，股价却没有同步上扬，呈现出低位量增价平的现象，这种股价低位放量滞涨的走势，预示着有新的主力资金在打压建仓。如果接下来股价在成交量的有效配合下掉头向上，表明股价的底部已经形成，投资者应密切关注该股。在下跌行情中，量增价平有如下表现形式：

（1）空头主跌形式。在初跌阶段及主跌阶段的走势中，如果出现量增价平现象，说明逢低介入的短线买盘已经出现，并有机会酝酿短波段反弹，尤其是股价已经进入支撑区。但是投资者不要高兴太早，出现此现象切勿认为已经转成回升，也许这只是形成短线多头行情或者根本没有反弹就再度破底。所以，投资者不妨等进入谷底期之后，再判定其是否出现底部形态。

（2）空头盘整或反弹形式。当股价进入空头的盘整或反弹走势时，如果出现量增价平，并且量增幅度较大时，说明已经进入反弹尾声。投资者需注意，这往往都出现在相对高点，所以，应趁量增时将短线多单顺势出货。

三、量增价涨

量增价涨主要是指个股（或大盘）在成交量增加的同时，个股股价也同步上涨的一种量价配合现象。通常情况下，量增价涨现象只出现在上升行情中，并且大部分出现在上升行情初期，也会有小部分出现在上升行情的中途。

在经过一轮较长时间的下跌和底部盘整后，市场中逐渐出现诸多利好因素，这些利好因素加强了市场预期向好的心理，同时也刺激了股市需求，市场中的换手逐渐活跃起来。随着成交量的放大和股价的同步上升，投资者购买股票在短期内就可获得收益，从而加强了投资者的投资意愿。

量增价涨的个股在股市中，出现频率还是比较多的，如潍柴重机自2009年1月开始持续出现近8个月的量增价涨现象，如图1-9所示。

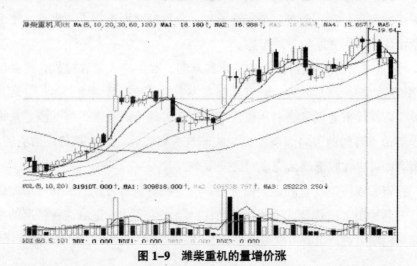

图1-9　潍柴重机的量增价涨

通过对市场的观察，我们发现量增价涨在上升行情中主要会出现以下五种情况：

（1）多头初升。当股价完成底部从空头行情转为多头走势时，分析人士通常将此定位为初升段行情。如果股价出现上涨信号，投资者可伺机进入做多。此时出现的新高量往往会有新高价，投资者还是可以期待的。

（2）多头整理结束。当股价已经从底部翻扬上涨一段时间后，说明股价属于回升行情，这时要估计股价是否处于相对高位。但是，投资者应该注意股价容易针对上涨波段出现"拉回修正"的行情。如果股价修正结束后，仍呈现再度上涨的多头走势，且伴随量增价涨的现象，投资者还要排除一种可能：此时如果出现创新高价的走势，不一定会跟随着出现新高量。

（3）多头末升。股价经整理后持续上涨，在相对满足区出现成交量暴增，之后成交量迅速萎缩，而价格却略为创高后便迅速拉回，是股价未来有机会进入强势修正的征兆。因为股价在高位或上涨已久的背景下，是主力出货的最佳良机，所以量价关系会出现多头最后大量出货的现象，呈现"多头力竭"。因此在高位区，并有可能是多头末升阶段时，投资者需要注意，只要股价上涨而成交量异常大增，不论是否留有上影线，都暗示大户可能趁高出货。

（4）空头盘整反弹。当股价初跌阶段结束之后，会出现反弹短期多头行情。在反弹过程中，也会出现量增价涨的走势，但是由于上位解套及低位短线买多的获利，卖压会在反弹末端出现，导致短期大出货量的出现，使走势显示止涨，并恢复原始下跌走势。

（5）空头末期。股价处于空头下跌末期，股价进入筑底过程，也会出现量增价涨走势，只是此处走势容易与空头中的反弹行情混淆。为了分辨其中差异，资深投资者通常会利用潮汐理论与波浪理论的特性，搭配测量系统预估走势最有可能的方向。例如，当底部筑底完成后，表明趋势将由空转多，投资者则可以在底部确认完成时进入做多。

投资者要特别注意的是，当量增幅度一般呈现出合理而温和的增加趋势时，突然冲出大出货量，说明量能结构已经产生变化。造成这种情况的原因可能是短期出货，也有可能是换手。所以，投资者在操作过程中一定要谨慎。

四、量缩价涨

量缩价涨主要是指个股（或大盘）在成交量减少的情况下，个股股价反而上涨的一种量价配合现象。我们通过长期的市场观察得出，量缩价涨多出现在上升行情的末期，有时也会出现在下降行情中期的反弹过程中。当然，量缩价涨在不同的行情中出现，其研判方法是不一样的。

1. 在持续的上升行情中

在持续的上升行情中出现适度的量缩价涨，表明主力控盘程度比较高，维持股价上升的实力较强，大宗流通股票被主力锁定。但量缩价涨所显示的是一种量价背离趋势，因此，在随后的上升过程中会出现成交量再次放大的情况，预示主力可能在高位出货。在持续的上升行情中，投资者需要注意多头的四种情况：

（1）多头初升。通常情况下，多头初升代表涨势有限。

（2）多头主升。如果确定股价已经在回升行情中，出现量缩价涨现象，说明是舍不得卖出股票或股票被锁定，往往会导致股价走势无量飙涨。

（3）多头回调整理。多头回调整理通常暗示股价回升受限。如果反弹过程中出现量缩价涨，那么投资者必须提高警觉，因为股价在未来高点无法再创新高时，投资者的观察重点就该立刻调整。

（4）多头末升。当股价突破前波相对高点，而量能无法跟进，即出现技术面背离的现象时，暗示涨势转弱，将构成潜在的反转信号。

2. 在持续的下降行情中

在持续的下降行情中偶尔也会出现量缩价涨的反弹走势。当股价在短期内经过大幅度下跌后，由于跌幅过猛，主力没能全部出货，他们就会抓住大部分投资者不忍心轻易割肉的心理，用少量资金再次将股价拉高，造成量缩价涨的假象，从而利用这种反弹走势达到出货的目的。在持续的下降行情中，通常会出现以下两种情况：

（1）空头盘整反弹。原来趋势为下跌，当下跌到某一个幅度之后进行反弹，为股价正常的现象。当股价到此位置出现上涨走势，成交量未能配合增加反而减少，分析人士将其视为套牢者拉高解套或是短空进行回补所导致的反弹现象。

（2）空头末跌。股价受挫之后，承接人士逢低位介入，撑盘后做出强势止跌线形，甚至部分个股由跌停拉至涨停锁死，而在下一个交易日会正常持续再创新高。短线投资者想抢反弹，除非在止跌的当天就介入，否则在持续创高点时，必须谨慎介入。套牢者不甘心在此低位赔本杀出，希望股价能多反弹一点再行减持，所以量能反而会急速萎缩。

综上所述，对于量缩价涨的行情，投资者应差别看待，一般应以持股或持币观望为主。

五、量增价跌

量增价跌主要是指个股 (或大盘) 在成交量增加的情况下，个股股价反而下跌的一种量价配合现象。根据市场经验，量增价跌现象大部分出现在下跌行情的初期，有时候也出现在上升行情的初期。当然，在不同行情中出现量增价跌，其研判方法也是不一样的。

1. 在下跌行情的初期

股价经过一段比较大的涨幅后，市场上的获利股票越来越多，一些投资者纷纷抛出股票，致使股价开始下跌。同时，也有一些投资者对股价的走高仍抱有预期，在股价开始下跌时仍然买入，多空双方对股价看法的不同，是造成股价高位量增价跌的主要原因。但是，这种高位量增价跌的现象持续时间一般不会很长，因为股价向下一旦跌破市场中重要的支撑位且股价的下降趋势开始形成后，量增价跌的现象将逐渐消失。股市中出现这种高位量增价跌现象，表明卖出信号出现。投资者需要注意以下四种情况：

（1）空头主跌。股价在初跌阶段或是主跌阶段出现量增价跌，表明卖压相当沉重，预示股价会持续下跌。因此，短线投资者不宜贸然抢进，除非出现在末升阶段低点附近，或者是出现了特殊的线形止跌。

（2）空头末跌。通常股价下跌幅度相当大，并且超过预期幅度时，成交量忽然大增，说明有特定人士进场承接。

投资者要留意一点，如果出现大成交量当日留有很长的上影线，表明在拉抬股价的过程中遭遇空方卖压，这种情况被定位成"介入拉抬失败"，而唯一化解的方法是尽快将股价再度拉高，超过大量成交这一天的最高点，否则股价只会持续下跌，并且下跌的幅度及速度将会加剧。

（3）多空盘整反弹。一旦确定为空头时期的反弹波动后，预示反弹现象的结束，此时是空头放空的良机。

（4）主力认赔。股价破底之后出现大量收中红棒线，但是股价没有出现反弹，反而持续向下杀多，而此时低位必有买盘介入，盘势将有机会止跌走稳，说明距离底部已经不远了，投资者可以适时买进。为了保险起见，投资者可等待底部出现完成信号后再介入。

2. 在上升行情初期

有的股票在上升行情初期也会出现量增价跌现象。当股价经过比较长的一段时间下跌和底部较长时间盘整后，主力为了获取更多的低位股票，通常会采取边打压股价边吸货的手段，造成股价走势出现量增价跌现象，只是这种现象会随着买盘的逐渐增多、成交量的同步上扬而慢慢消失。投资者需留意一点，这种量增价跌现象是底部买入信号。其实，在这种行情中，投资者还需要注意以下两种情况：

（1）多头主升。股价在初升阶段与主升阶段中，出现量增价跌为主力进货迹象。

（2）多头末升。股价上涨到一定程度后止涨回调，但成交量却呈现小幅度增加的情形，说明市场追价买盘意愿不足，简单地理解就是买进的量能无法消化卖出的量能。

六、量缩价跌

量缩价跌主要是指个股 (或大盘) 在成交量减少的同时，个股股价也同步下跌的一种量价配合现象。

量缩价跌现象有可能出现在下跌行情的中期，也可能出现在上升行情的中期。由于出现在不同的行情中，所以，对它的研判过程和结果是不一样的。

1. 在上升行情中

当股价上升到一定高度时，市场成交量减少，股价也随之小幅下跌，呈现出一种量缩价跌现象。其实，这种量缩价跌是对前期上升行情的一个主动调剂过程。

（1）"价跌"是股价主动整理的需求，是为了清洗浮筹和修正较高的技巧指标。

（2）"量缩"表明投资者有惜售心理，且持股信心强烈，即股价整理完成后，又会重新上升。

2. 在下跌行情中

当股价开始从高位下跌后，由于市场预期向坏，一些获利盘纷纷出逃，而大多数投资者选择持币观望，市场承接乏力，因而造成股价下跌、成交萎缩的量缩价跌现象。这种量缩价跌现象的出现，预示着股价仍将持续下跌。在下跌行情中，通常会表现出以下三种情形：

（1）空头初跌。这一情形表明多方承接力量减弱，属于跌势的开始阶段。在反弹时，投资者应注意量价背离或呈现量大不涨的迹象。

（2）空头主跌。此阶段表明股价将持续下跌，为探底杀多的走势。一般而言，多头在长久的中期回调走势中，股价与量能形成近似一致的走势状态，当量能出现极度萎缩，且21日均量也呈现走平时，如果股价没有下跌出现新低，说明卖压减轻，未来行情将会进入反弹周期。

（3）空头末跌。当股价下跌走势接近市场预期时，且近期跌幅或是与均线的乖离率已经缩小，而成交量同步萎缩到低点时，预示股价已接近底部。此时，尽管买盘仍然裹足不前，但部分持股者开始表现出惜售迹象，因此，行情进入谷底期已是不争的事实。

上升行情中的量缩价跌，表明市场充满惜售心理，是市场的主动回调整理，因而投资者可以持股待涨或逢低介入。通常情况是，上升行情中价跌的幅度不能过大，否则可能就是主力不计成本出货的征兆。而下跌行情中的量缩价跌，表明投资者在出货以后不再做"空头回补"，股价还将维持下跌趋势。此时，投资者应以持币观望为主。

投资者需要注意的是，在量缩价跌过程中通常会出现以下两种情况：

（1）K线留有较长的上影线或是以长黑实体收低，不论股价的原来趋势是上升还是下跌，都表明近期的行情难以乐观看好。

（2）K线留有较长的下影线或是日落红棒线，之后股价又能涨过前几日长黑棒线的高点，预示着行情有望止跌回升。

本章小结

量价分析是看盘入门的关键

"知己知彼，百战不殆。"只有知道对方的意图才能制订正确的计划。股市交易信息统统反映在大盘上，而股票价格是大盘的核心。大盘能清晰地显现股价的变化，但是一个理智的投资者也应该知道其变化的原因。实践证明，价格的变动永远离不开成交量的变动，换言之，价格的变化首先反映在成交量上。股民如真想从股市获利，必须学会看盘；要学好看盘，必须能分析出成交量与价格的关系，即学会量价分析。

量价分析是看盘的最重要的基础知识，也是股民必须掌握的看盘技巧。老道的股民能运用量价分析看清股市的一举一动，对于庄家的操作也能了然于心。其实，庄家的任何动作必然首先反映在成交量上。《孙子兵法》云："实者虚之，虚者实之。"意思是说用兵不能暴露自己的战略意图，也就是声东击西。在股市，庄家无时不在使用这一理论，当他们需要购买某一股票时，他们会先抛售出该股的一部分，迫使股价下跌，然后迅速以低价购买这一股票；如需要抛出某一股票，他们会先大肆购买，制造利多的假象，待股价被拉升后择机出货。

庄家的这种手法已经屡见不鲜，甚至是太通俗了，每个稍微了解点股市的人都知道，但是庄家依然能成功坐庄，被庄家牵着鼻子走的股民还是数不胜数，这是为何？因为大部分股民根本不懂量价分析，面对庞杂的大盘，股民不知道到底是该研究大盘指数还是看涨跌家数，甚至懒得瞅一眼量比。绝大多数股民只会盯着股价发愣：看到股价如过山车一般忽高忽低，根本不知道怎么回事。这样怎么会不被庄家牵着鼻子走呢？

华佗是我国著名的神医。有一次华佗外出，看见严昕和朋友饮酒。华佗仔细观察了严昕的脸色后，问他说："你身体不舒服吧？"严昕听了，很惊讶，说："我身体很好呀！"华佗说："你脸上已显示出严重的病状，恐怕要患中风病吧，你可千万别喝酒了！"严昕听后置若罔闻，继续饮酒。结果，不到两天严昕就死了。

其实，看盘就跟医生看病一样，病人有何症状首先会在身体上显现出来，虽然有时候并没有马上出现疼痛或不适，但肯定有征兆，有经验的大夫能运用一些技巧发现病症。同样，股价的起伏跌宕，尤其是猛涨猛跌，也是有征兆的，善于运用量比分析的股民往往更容易发现这一征兆，从而提前做好应对之策。

方法链接

股圣彼得·林奇的投资之道

在华尔街有这么一个人：在13年的时间里，他使自己所管理的基金由2000万美元成长到140亿美元，基金投资人数超过100万人；在13年的时间里，他管理的基金年平均复利报酬率高达29%；在13年的时间里，他一步一步迈向华尔街最顶尖投资家的行列。创造这个股市神话的人就是彼得·林奇——历史上最伟大的投资人之一，有人评论他对共同基金的贡献，就像是乔丹之于篮球，邓肯之于现代舞蹈。

彼得·林奇出生于1944年，1968年毕业于宾州大学沃顿商学院，取得MBA学位；1969年进入富达管理研究公司成为研究员，1977年成为麦哲伦基金的基金经理人。1977~1990年，彼得·林奇担任麦哲伦基金经理人职务，这段时间的辉煌成就为他成为华尔街最成功的投资家之一奠定了基础，成为与巴菲特等齐名的投资大师。其著作《战胜华尔街》、《学以致富》一问世便成为畅销书。

彼得·林奇被认为是财富的化身，他说的话成为所有股民的操作宝典，在人们艳美他的辉煌成就的同时，他的投资方法也受到人们广泛地关注，投资者希望能从中得到启发。让我们来看看林奇是怎么看待股票投资的。

1. 避开热门股

说起选股，林奇有一套自己的标准，"避开热门行业的热门股票。最好的公司也会有不景气的时候，增长停滞的行业里有大赢家"。林奇热衷于逆向选股，他说，"如果我面临两种选择：一是高竞争复杂型行业中管理有方的优秀企业，二是无竞争简单型管理平平的一般企业，那么我一定买第二种企业的股票"。

2. 相信自己

股票交易是一种艺术，而不是科学，所以不能完全按照数字来推测。对此，彼得·林奇是这么认为的："如果可以通过数学分析来确定选择什么样的股票的话，还不如用电脑算命。选择股票的决策不是通过数学做出的，你在股市上需要的全部数学知识是你上小学四年级时就学会了的。"

"你的投资才能不是来源于华尔街的专家，你本身就具有这种才能。如果你运用你的才能，投资你所熟悉的公司或行业，你就能超过专家。"林奇不认为股市是可以被准确预测的，这是他在一次惨痛的失败中总结出来的经验。

1977 年，林奇刚掌管麦哲伦基金时，他以每股 26 美元的价格买进华纳公司的股票。这时一位跟踪分析华纳公司股票行情的技术分析专家告诉林奇，华纳公司的股票已经"极度超值"。当然林奇有自己的想法，他并没有接受分析专家的建议。6 个月后，华纳公司的股票上涨到了每股 32 美元，林奇虽然有些担忧，但继续持股待涨。不久，华纳公司的股票上涨到每股 38 美元，此时，股市行情分析专家的建议对林奇产生影响了，林奇认为每股 38 美元肯定是超值的顶峰，于是将手中所持有的华纳公司股票悉数抛出。令人难以置信的是华纳公司股票价格一路攀升，最后竟涨到了每股 180 美元以上。对此，林奇懊悔不已，他再也不相信这些高谈阔论的股市评论专家了，只坚信自己的分析判断。

3. 善于从生活中发现投资机会

与其他投资大师不同的是，林奇更善于从日常生活中得到有价值的投资信息。他特别留意妻子卡罗琳和三个女儿的购物习惯，每当她们买东西回来，他总要问上几句。1971 年的某一天，妻子卡罗琳买"莱格斯"牌紧身衣，他发现这将是一个走俏的商品。在他的组织下，麦哲伦当即买下了生产这种紧身衣的汉斯公司的股票，没过多久，股票价格竟达到原来价格的 6 倍。在日常小事中发现商机，这就是林奇的独特之道。

4. 先研究再投资

几乎所有的投资大师都是认同这一点的，既然投资股票不是买彩票，那么想要盈利就必须花费大量的时间去进行研究。"投资是令人激动和愉快的事，但如果不做准备，投资也是一件危险的事情"，林奇说道。

5. 重视对公司基本面的研究

林奇相当重视上市公司的财务状况，他认为公司股票的价值完全体现在公司的盈利能力上，"当你读不懂某一公司的财务情况时，不要投资。股市的最大的亏损源于投资了在资产负债方面很糟糕的公司。先看资产负债表，搞清该公司是否有偿债能力，然后再投钱冒险。"

林奇不认为花费大量时间在预测股市走势上是有效的，与其研究这些不如多研究公司的基本面，"每只股票背后都是一家公司，去了解这家公司在干什么"。

6.组合投资

在林奇的投资组合中，他最偏爱两种类型的股票：一类是中小型的成长型股票。在林奇看来，中小型公司股价增值比大公司容易，一个投资组合里只要有一两家股票的收益率极高，即使其他的赔本，也不会影响整个投资组合的成绩。同时他在考察一家公司的成长性时，对公司增长的关注甚至超过了利润增长，因为高利润可能是由于物价上涨，也可能是由于巧妙的买进造成的。另一类股票是业务简单的公司的股票。一般人认为，激烈竞争领域内有着出色管理的公司的股票，如宝洁公司、3M公司、德州仪器、道化学公司、摩托罗拉公司更有可能赚大钱，但在林奇看来，作为投资者不需要固守任何美妙的东西，只需要一个低价出售、经营业绩尚可而且股价回升时不至于分崩离析的公司就行。

第二章　点击 K 线图的现实意义

股价是变化莫测的，或上涨"直冲云霄"，或下跌"一落千丈"，或"波澜不惊"，或"大风大浪"。但是从某种程度来讲，股价的波动是有规律的。对 K 线图形分析，就是要在这些图形变化规律中找出买卖点，即选择合理的时机进场或退场。图形的技术分析适用于任何周期的投资，因为无论投资周期长短，都一定会有一个买卖点。

第一节　单根 K 线图的看盘技巧

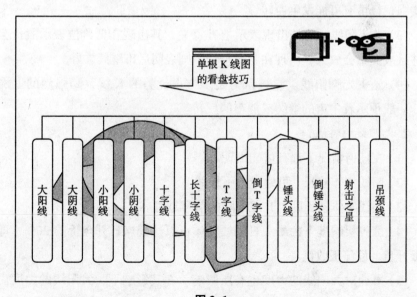

单根 K 线图的看盘技巧

大阳线　大阴线　小阳线　小阴线　十字线　长十字线　T字线　倒T字线　锤头线　倒锤头线　射击之星　吊颈线

图 2-1

一、大阳线

1. 大阳线分类

大阳线按其影线所在的情况可以分为穿头破脚阳线、光脚阳线、光头阳线和光头光脚阳线，如图 2-2 所示。

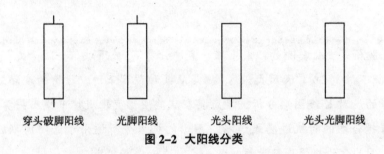

穿头破脚阳线　　　光脚阳线　　　　光头阳线　　　　光头光脚阳线

图 2-2　大阳线分类

（1）穿头破脚阳线。它的出现是市场反转的强烈信号，若其出现在涨势后期，则会形成"崩盘"；出现在空头市场的尾部，则会形成"井喷"。

（2）光脚阳线。出现在低价区且实体比上影线长则表示买方开始蓄积上攻能量进行第一次洗盘；出现在高价区则表示买方上攻能量开始衰竭卖方能量增强，行情有可能发生逆转。

（3）光头阳线。它的出现表示上升意义，其出现在低价位表示股价会走高并且成交量会放大，出现在上升行情中则表明后市继续看好。

（4）光头光脚阳线。它被认为是多方占优势的 K 线，是强烈的上涨信号，一般预示着牛市的继续或熊市的反转。

2. 大阳线的特点

（1）在任何情况下都有可能出现。

（2）阳线实体较长，可略带上下影线。

（3）阳线实体越长则上升或下降的信号越可靠。

（4）涨停板制度下的最大日阳线实体可以达到当日开盘价的 20%，即跌停板开盘，涨停板收盘。

（5）影线对大阳线的力度也有所影响。在其影响下，大阳线的力度由弱到强分别是：穿头破脚阳线、光脚阳线、光头阳线和光头光脚阳线。

3. 大阳线的作用

大阳线出现在刚上涨的趋势中，则上涨趋势增大；出现在加速上涨的趋势中则是见顶预兆；出现在下跌趋势中意味着向上反弹；出现在连续下降的趋势中则有可能是见底回升的标志。

4. 大阳线在实际操作中的应用

大阳线出现在下降趋势中，新股民可寻找机会介入，并且尽量不要在大阳线出现后进行做空或做多。

二、大阴线

1. 大阴线分类

大阴线按其影线所在的情况可以分为穿头破脚阴线、光脚阴线、光头阴线和光头光脚阴线，如图 2-3 所示。

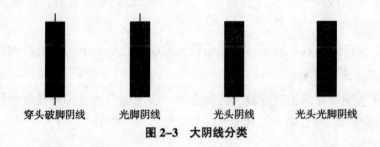

穿头破脚阴线　　光脚阴线　　光头阴线　　光头光脚阴线

图 2-3　大阴线分类

（1）穿头破脚阴线。它表示开盘时，股价上升，随着卖方力量增强，买方不愿追高，卖方逐渐占上风，股价逆转。如在大跌后出现，行情可能反弹；如在大涨后出现，后市可能下跌。

（2）光脚阴线。它表示开盘后，买方力量较强，股价上涨。当涨到一定位置时，卖方的力量变强，股价出现下跌，后市呈下跌的趋势，最后以最低价收盘。

（3）光头阴线。它表示开盘后，买方的力量小于卖方，股价出现大幅下跌。但当跌到一定位置时，部分投资者不愿赔钱斩仓，低位卖出的状况减少，此后股价出现反弹。

（4）光头光脚阴线。它表示最高价与开盘价相同，最低价与收盘价相同，买盘力量强大，后市趋于下降，是股价下跌的信号。

2. 大阴线特点

（1）在任何情况下都有可能出现。

（2）大阴线实体较长，上下略带较短影线（或无影线）。

（3）大阴线的实体越长力度越大，反之则越小。

（4）大阴线的出现不一定预示股价下跌，反而股价可能会上涨。

（5）它表示最高价与开盘价相同（或略高于开盘价)，最低价与收盘价相同（或略低于收盘价）。

3. 大阴线的作用

大阴线出现在上升趋势中，是见顶的预兆；出现在刚开始下降趋势中，则后市看跌；出现在下跌途中，则继续看跌；出现在加速下降趋势中，则有可能是空头陷阱。

4. 大阴线在实际操作中的应用

（1）大阴线出现在下降趋势中，表明下降趋势加速发展，应继续保持空仓。

（2）大阴线出现在涨势（特别是较大涨幅）之后，表明股价将回档或正在做头部，此时宜卖出。

（3）大阴线频繁出现在较大涨幅之后，表示做空能量即将释放殆尽，此时应考虑做多，逢低买入一些股票。

三、小阳线

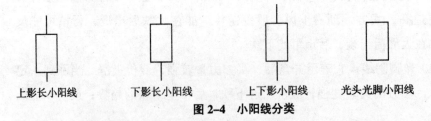

| 上影长小阳线 | 下影长小阳线 | 上下影小阳线 | 光头光脚小阳线 |

图 2-4　小阳线分类

1. 小阳线分类

（1）上影长小阳线。它显示多方攻击时上方抛压沉重，但也不可忽视多方的支撑力度，应仔细观察行情变化。常出现在主力的试盘动作中，表明此时浮动筹码较多，涨势不强。

（2）下影长小阳线。它的出现，表明多空交战中多方的攻击沉稳有力，一般表明股价先跌后涨，行情有进一步上涨的潜力，但具体含义需要结合整个行情来看。当出现这种小阳线时表明主力意图已经很明显。

（3）上下影小阳线。表示空方和多方的抛压与支撑力度相当，双方在寻找动态平衡。

（4）光头光脚小阳线。经常在上涨初期、回调完毕或横盘整理时出现，表示多方抛压力度逐渐增强。

2. 小阳线的特点

（1）实体较短，略带上下影线。

（2）经常出现在盘整行情中，在上涨和下跌行情中也可能出现。

3. 小阳线的作用

出现小阳线的行情表明其趋势模糊，多方和空方小心接触，多头略占上风，但上攻乏力，趋势一般会持续。

4. 小阳线在实际操作中的应用

当连续或次日出现成交量放大的阳线时，股价将会出现一段上涨行情，此时可跟进。

四、小阴线

上影长小阴线　　　下影长小阴线　　　上下影小阴线

图 2-5　小阴线

1. 小阴线分类

（1）上影长小阴线。它表示股价上升后遭空方打压出现回落，股市上升趋势减弱，后市下跌可能性加大。

（2）下影长小阴线。它表示多方在低价位有一定承受力，股价先跌后涨，后市有不大的上升空间。

（3）上下影小阴线。表示空方和多方的抛压与支撑力度相当，双方在寻找动态平衡。

2. 小阴线的特点

实体较短，略带上下影线。较多出现在盘整行情中，也可出现在下跌和上涨行情中。

3. 小阴线的作用

表明行情不明朗，多方和空方小心接触，空方呈打压状态但力度不大，略占上风。与小阳线一样，单根小阴线无太大意义，应与其他 K 线形态一起研判。

五、十字线

图 2-6　十字线

1. 十字线的特点

开盘价、收盘价相同时成为"一"字，且上下影线较短，可出现在涨势和跌势中。

2. 十字线的作用

（1）出现在上涨趋势末端则是见顶信号；出现在下跌趋势末端则是见底信号；出现在上涨途中表明继续看涨；出现在下跌途中表明继续看跌。

（2）可将其视为反转信号，在股价低档时出现且当日收盘价低于次日收盘价时，表明买方力道较强，股价可能上扬；在股价低档时出现且当日收盘价高于次日收盘价时，则表明卖方力道较强，股价可能会下跌。

（3）信号可靠性不强，应与其他 K 线一起研判。

3. 十字线在实际操作中的应用

不能将十字线作为正确的买卖信号，因为十字线的顶端通常代表压力。随后的价格如果穿越十字线的高价，则上升趋势可继续发展。出现十字线时，新股民应等待一两个交易时段，对行情发展进行仔细观察。

六、长十字线

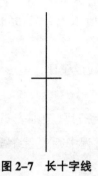

图 2-7　长十字线

1. 长十字线的特点

（1）在上涨和下跌的趋势中都有可能出现。

（2）开盘价和收盘价相同或基本相同，成为"一"字，但高价与低价拉得很开，所以上下影线拉得很长。

2. 长十字线的作用

（1）出现长十字线表示行情会发生逆转，且转势较强，所以应高度重视。

（2）在连续上涨的末端出现长十字线是见顶信号；在加速下跌的末端出现长十字线是见底信号；在上涨途中出现长十字线则继续看涨；在下跌途中，尤其是有了一段较大跌幅之后出现长十字线则可能继续看跌，但见底回升的可能性也很大。

（3）长十字线虽然和一般十字线意义相同，但其表现的疲软性质和僵持意义更强烈。

3. 长十字线在实际操作中的应用

长十字线的见底信号要高于一般十字线，因此，投资者可把长十字线作为"逃顶"与"抄底"的参考指标。

七、T字线

图 2-8　T 字线

1. T 字线的特点

（1）开盘价、收盘价和最高价位为同一个价位，成为"一"字，但与最低价之间有相当一段距离，所以 K 线上留下一个下影线，从而构成"T"字形。

（2）T 字线的信号与下影线成正比，下影线越长，信号越强。

2. T 字线的作用

（1）T 字线出现在股价上涨过程中则表明继续看涨；出现在大幅上涨之后为见顶信号；出现在下跌过程中则表明继续看跌；出现在大幅下跌之后为见底信号。

（2）T 字线可反映庄家操盘意图，它的出现完全是庄家控盘造成的。一般出现在高位的 T 字线表明庄家利用其高位出货，周围会有高开低走的大阴线；出现在股价上升过程中的 T 字线则表明庄家利用其走势洗盘，若 T 字线上移表示庄家洗盘，T 字线下沉表示庄家在出货。

3. T 字线在实际操作中的应用

（1）T 字线出现在股价连续下跌之后可考虑买进。

（2）T 字线出现在跌势途中，若股价上移则为见底信号，投资者可考虑买进；若 T 字线是为投资者设立的多头陷阱，则股价仍会大幅下跌，此时切勿盲目买进。

八、倒 T 字线

图 2-9　倒 T 字线

1. 倒 T 字线的特点

（1）开盘价、收盘价和最低价粘连在一起成为一个"一"字，但与最高价之间有相当一段距离，所以在 K 线上留下一条上影线，形成倒"T"字形状。

（2）倒 T 字线的力度与上影线成正比，上影线越长则力度越大，信号越可靠。

（3）上升趋势中的倒 T 字线被称为上档倒 T 字线，又叫下跌转折线。

（4）上档倒 T 字线形成时间越长，威力越大。

2. 倒 T 字线的作用

其出现在上涨过程中表明后市继续看涨；在下跌过程中出现则表明后市继续看跌；大幅上涨之后高位出现，为见顶信号。

3. 倒 T 字线在实际操作中的应用

（1）倒 T 字线出现在上涨趋势中表示在空方打击下多方无力抬高股价，股价要下跌，投资者应在此时退出观望。

（2）倒 T 字线出现在下降趋势末端为卖出信号。

九、锤头线

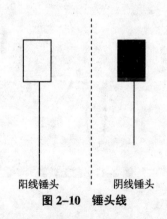

阳线锤头　　　阴线锤头
图 2-10　锤头线

如图 2-10 所示，按照锤头线的实体部分可以分为阳线锤头（图 2-10 左）与阴线锤头（图 2-10 右），它们的作用和意义都相同，但一般阳线锤头的力度要大于阴线锤头。

1. 锤头线的特点

（1）在股价下跌过程中出现。

（2）阳（阴）线实体很短，上影线很短或无上影线，下影线很长。

（3）其实体与下影线比例越大，参考价值越高。

（4）锤头线出现时，股价下跌时间越长，下跌幅度越大，则见底信号越明确。

（5）若锤头线与早晨之星同时出现则见底信号更明确（早晨之星会在本

书后面的 K 线组合当中介绍)。

2. 锤头线的作用

(1) 锤头线的出现一般是见底信号，后市看涨。

(2) 当锤头线出现在连续下跌之后的市场底部时，转势才可以得到确认。如图 2-11 所示，锤头阳线出现在连续下跌行情中则股价见底回升（图中浅色为阳线，深色为阴线）；锤头阴线在大幅下挫后出现则是见底信号，如图 2-12 所示。

4.17

图 2-11　向上转势

-3.77

图 2-12　大幅下跌后见底信号

3. 锤头线在实际操作中的应用

锤头线在下跌行情中出现时，投资者最好冷静观察。也可试探性地做多，若股价能够放量上升则可跟着做多。

十、倒锤头线

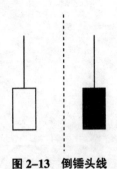

图 2-13　倒锤头线

1. 倒锤头线的特点

（1）在股价下跌过程中出现。

（2）阳（阴）线实体很短，上影线较长，下影线很短或没有。

（3）上影线与实体的比例越大则参考价值越高。

（4）与早晨之星同时出现则信号更可靠。

2. 倒锤头线的作用

（1）倒锤头线的出现一般是见底信号，后市看涨。

（2）若倒锤头线出现在股价大幅下跌之后则是见底信号（如图 2-14，图

16.15

图 2-14　大幅下跌后的倒锤头线

中浅色为阳线，深色为阴线）。

（3）倒锤头线与早晨之星同时出现在下跌过程中则行情反转向上，如图2-15 所示。

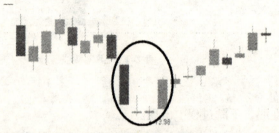

图 2-15　倒锤头线与早晨之星一同出现

3. 倒锤头线在实际操作中的应用

由于倒锤头线的反转信号不强，故投资者应在确定时期买入。下面介绍几个出现倒锤头线时可以确定买入的情况：

（1）与早晨之星同时出现。

（2）股价连续下跌，特别是大幅下跌末期出现三连阴后。

（3）倒锤头线之前的大阴线与实体较长的锤头实体间有部分跳空缺口。

（4）出现倒锤头线的当天，成交量小。

（5）倒锤头线后面的 K 线与倒锤头线的实体之间有跳空缺口。

十一、射击之星

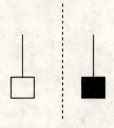

图 2-16　射击之星

1. 射击之星的特点

（1）出现在股价明显上涨的趋势中。

（2）阳（阴）线实体较短，上影线较长，下影线很短或无下影线。

（3）上影线与实体比例越大则信号参考价值越大。若与黄昏之星同时出现，则信号更加可靠（在本书后面的 K 线组合中会介绍黄昏之星）。

2. 射击之星的作用

（1）射击之星的出现是见顶信号，后市看跌。

（2）反弹中出现射击之星，股价收阴回落，如图 2-17 所示。

图 2-17　反弹中的射击之星

（3）股价一路上扬，高位出现射击之星，股价见顶回落，如图 2-18 所示。

3. 射击之星在实际操作中的应用

由于射击之星的反转意义比较强烈，后市下跌的可能性很大，因此在高位出现射击之星时，投资者应将股票卖出。

图 2-18 高位出现射击之星，股价见顶回落

十二、吊颈线

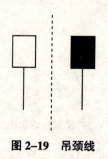

图 2-19 吊颈线

1. 吊颈线的特点

（1）在股价上涨的趋势中出现。

（2）阳（阴）线实体很短，下影线很长，上影线很短或者无上影线。

（3）下影线与实体的比例越大，参考价值越大。

（4）与黄昏之星同时出现则信号更可靠。

（5）若以阴线的形式出现则跌势要比阳线更猛烈。

2. 吊颈线的作用

（1）一般为见顶信号，后市看跌。

（2）出现在股价上涨的趋势中则后期股价大幅下跌，如图 2-20（图中浅色K线为阳线，深色为阴线)。

图2-20　上升趋势中出现吊颈线

（3）出现在高位，成交量迅速放大，后市股价一路下跌，如图2-21所示。

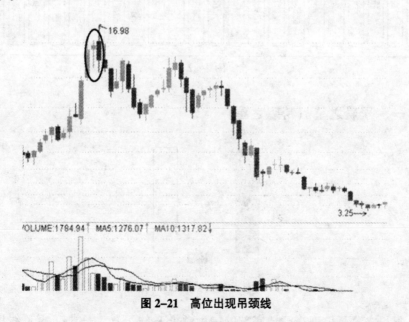

图2-21　高位出现吊颈线

3. 吊颈线在实际操作中的应用

（1）吊颈线在顶部是清仓出局的标志。

（2）注意吊颈线出现之后需等次日验证。若次日开始股价向下跳空缺口越大则验证信号越强烈。

第二节　K线组合图形的看盘技巧

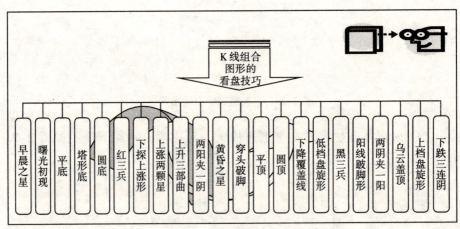

K线组合
图形的
看盘技巧

早晨之星｜曙光初现｜平底｜塔形底｜圆底｜红三兵｜下探上涨形｜上涨两颗星｜上升三部曲｜两阳夹一阴｜黄昏之星｜穿头破脚｜平顶｜圆顶｜下降覆盖线｜低档盘旋形｜黑三兵｜阳线跛脚形｜两阴夹一阳｜乌云盖顶｜上档盘旋形｜下跌三连阴

图 2-22

一、早晨之星（希望之星）

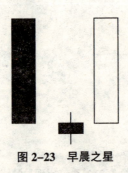

图 2-23　早晨之星

早晨之星是出现在行情底部的一种常见 K 线组合，是典型的 K 线反转形态。

一般由三根 K 线组成，在下跌过程中出现。第一根是阴线，表明空方力量较强；第二根是小阴线或小阳线，表明多空双方力量相当；第三根是阳线，表明多方占优势。通过这三根 K 线实现多空双方的优势转换。

它的出现一般为见底信号，表明后市看涨，投资者可在此时买入。

二、曙光初现

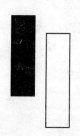

图 2-24　曙光初现

此组合出现在股价下跌的趋势中，由两根 K 线组成，前面是一根大阴线，后面是一根大阳线，是一种止跌或反转形态。第二根阳线的实体部分应超过阴线实体部分 1/2 以上才有意义，且阳线实体部分越长所表示的反转力度越大。

★　**注意**　★

（1）若此组合出现在涨幅过大情况下则有骗线的可能。

（2）在此组合出现后，股价立即上升但力度不大，在股价短暂的整理过程中往往会爆发强劲的个股行情。

（3）此组合出现在熊市中时，第二根阳线的最低价必须是 13 个交易日以来的最低价，目的是避免投资者因追高而在操作中增大风险。但在牛市中则不必用此法，避免错失良机。

三、平底

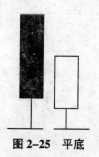

图 2-25　平底

其出现在下跌趋势中，由两根以上 K 线组成，最低价处于同一水平位置。

它的出现为见底信号，尤其在股价大跌之后，是一个较好的买入点。若伴随其他见底 K 线组合出现则信号更可靠。

★　注意　★

（1）此组合只有出现在低位或波段低位时才是可靠见底信号，投资者应仔细判断进行做多，否则应继续观望。

（2）若此形态的第二根 K 线以最低价收阴则不宜买入，应继续观望。

（3）依据此形态买入的股票应以股价跌破平底形态最低价位进行止损。

四、塔形底

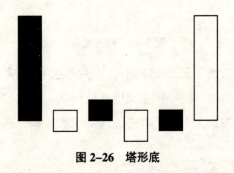

图 2-26　塔形底

其出现在股价下跌的趋势中。它的出现先是一根大阴线，随后是一连串的小阴线或小阳线，最后出现一根大阳线。

它的出现为见底信号，后市看涨，但其信号强度比曙光初现要弱。若其出现伴有成交量的配合，则股价往往会有较大涨势出现，投资者应看准机会跟进做多。

下面两幅图（图 2-27、图 2-28）为趋势图中的塔形底形态（图中浅色 K 线为阳线，深色为阴线）。

图 2-27 塔形底（一）

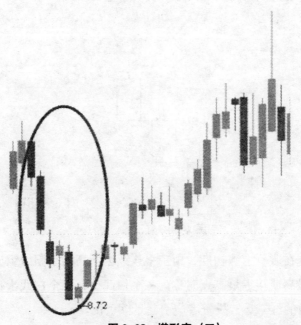

图 2-28 塔形底（二）

五、圆底

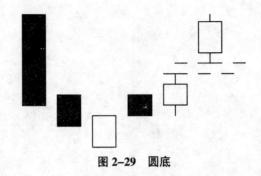

图 2-29　圆底

此形态出现在股价下跌的趋势中，股价形成一个圆弧形状的底，其中间多为小阴线或小阳线，最后以向上的跳空缺口来确认形态成立。

此形态一般在经历股价大幅下跌后形成，在此过程中股价日 K 线与平均线叠合得很近。它的出现为见底信号，表明后市看涨。

六、红三兵

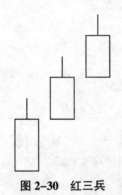

图 2-30　红三兵

此形态出现在股价上涨初期，由三根连续创新高的小阳线组成，当这三根小阳线收于最高或接近最高点时称为三个白武士，三个白武士拉升股价的作用要强于普通的红三兵，投资者应引起足够重视。

红三兵的出现为见底信号，表明后市看涨。

投资者如何把握红三兵的买卖时机?

1. 买进时机

低位出现的红三兵为黄金买入机会。若处在低位的红三兵的第二或第三根 K 线的值均高于之前五六个交易日时，则后市继续看涨，可大胆买入。

2. 卖出时机

若其形态为三根大阳线则一般情况下股价会回跌，应卖出。红三兵出现在股价下跌过程中则标志着反弹结束，应卖出。

★　**注意**　★

（1）一般情况下将股价上涨高于 20% 的情况视为高位，股价上涨低于 10% 视为上涨途中。

（2）处在高位的红三兵应实行减仓操作，决不可把它视为上升途中的红三兵而买进。

七、下探上涨形

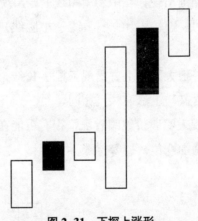

图 2–31　下探上涨形

在上涨途中，股价突然大幅低开（甚至以跌停板开盘），当日以涨势收盘（甚至以涨停板收盘），从而拉出一根低开高收的大阳线。这就构成了先跌后涨的形态，故名之"下探上涨形"。

下探上涨形的出现为见底信号，后市看涨。若出现在股价上涨初期，则信号更可靠。出现此形态大多因为控盘庄家利用其洗盘，其形态之后的股价上涨幅度较大。

八、上涨两颗星

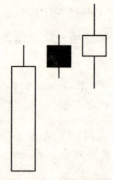

图 2-32　上涨两颗星

在涨势初期、中期内出现，在中、大阳线上方出现两根小 K 线（既可以是小十字线，也可以是实体很小的小阳线、小阴线），就此构成"上涨两颗星"。

少数情况下会在一根大阳线上方出现三根小 K 线，这时就成为上涨三颗星。上涨三颗星技术含义与上涨两颗星相同。

上涨两颗星的出现表明股价继续看涨，很有可能在短期内展开一轮新的攻势。投资者可适量增加仓位，持筹待涨。

九、上升三部曲

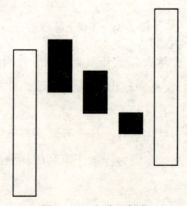

图 2-33　上升三部曲

此形态出现在股价上涨过程中，由大小不等的五根 K 线组成，先拉出一根大阳线或中阳线，接着连续出现三根小阴线，但三根小阴线都没有跌破前面阳线的开盘价（具体操作中，两根大阳线中间的小阴线不一定是三根，有可能更多），且成交量开始减少，随后出现一根大阳线，其整体走势类似英文字母"N"。上升三部曲的出现表明股价继续看涨。

★　**注意**　★

买入时机应在最后一根大阳线收出之后，否则易遭空方暗算。

十、两阳夹一阴

图 2-34　两阳夹一阴

此形态既可以出现在股价上涨趋势中，也可以出现在下跌趋势中。其由两根较长大阳线和一根较短大阴线组成，阴线在中间，三根 K 线的中轴基本在同一水平位置。

此形态出现在涨势中则股价继续上涨，出现在跌势中则是见底信号。阳阴线实体部分相差悬殊越大则信号越可靠。

十一、黄昏之星

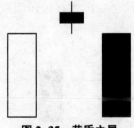

图 2-35　黄昏之星

此形态出现在股价上涨趋势中，由三根 K 线组成，第一根为阳线，第二根为小阴线，第三根为阴线。第三根 K 线实体深入第一根 K 线之内。

此形态的出现为见底信号，表明后市看跌。若第二根 K 线有与射击之星相同的上影线，则信号可靠性大大提高。

★ **注意** ★

(1) 大阳线实体越长（星线实体越小）则市场意义越强。

(2) 星线与大阳线之间的缺口越大则市场意义越强。

(3) 星线两侧都有实体缺口则市场意义强烈。

(4) 大阴线刺入大阳线实体部分越大则市场意义越强。

十二、穿头破脚

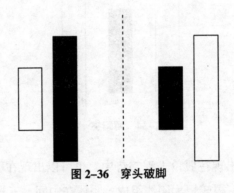

图 2-36　穿头破脚

既可出现在股价上涨趋势中，也可出现在股价下跌趋势中。由大小不等，阴、阳相反的两根 K 线组成，后面的阴（阳）线将前面的阳（阴）线包容在内（上下影线不算）。在涨势中出现为前阳后阴，在跌势中出现则前阴后阳。

形态中的阴阳两根 K 线长短相差越悬殊则信号参考价值越大。此形态出现在股价上涨趋势中为卖出信号；出现在股价下跌趋势中则为买进信号。

十三、平顶

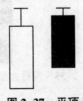

图 2-37　平顶

出现在股价上涨的趋势中，是介于 K 线组合和反转形态之间的顶部形态。由两根或两根以上 K 线组成，最高价处于同一水平位置。

此形态的出现为见底信号，后市看跌。

十四、圆顶

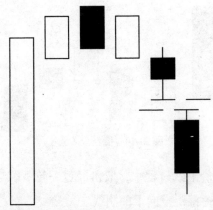

图 2-38 圆顶

此形态出现在股价上涨的趋势中，由多根 K 线形成。形态中股价不断升高，但每一个高点高出一点便回落，先是新高点较前点高，后是回升点略低于前点，这样把短期高点连接起来，最后以向下跳空缺口来确认圆顶形态成立（圆弧内的 K 线一般为小阳线或小阴线）。此形态的出现为见顶信号，表明后市看跌。

十五、下降覆盖线

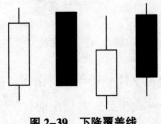

图 2-39 下降覆盖线

此形态出现在股价上涨趋势中，由四根 K 线组成，先出现一个"穿头破脚"的形态，第三根 K 线是一根中阳线或小阳线，一般情况下此阳线的实体比第一根阳线实体要短，之后又出现一根中阴线或小阴线，阴线实体深入前一根阳线实体中（深入部分越长力度越大）。

它的出现为见顶信号，后市看跌，且见顶信号比穿头破脚形态要强。投资者见此形态应及时止损出场。

十六、低档盘旋形

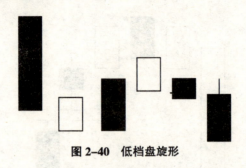

图 2-40　低档盘旋形

此形态出现在股价下跌过程中，股价经过一轮下跌进入了小阴小阳线的横向整理，后来出现一根跳空向下的阴线。

此形态的出现表明后市看跌。投资者见此形态应及时减仓或卖出，以免遇到风险。

十七、黑三兵

图 2-41　黑三兵

此形态既可出现在股价上涨趋势中又可出现在股价下跌趋势中，由三根小阴线组成，每日收盘价都向下跌，并创出前日新低。

此形态的出现表示后市看跌，若出现此组合之前股价已经急速下跌了一段时间，则股价止跌的可能性会增大。

在股价上涨的行情中出现黑三兵时，投资者应考虑做空；在股价下跌行情中出现黑三兵则应考虑做多。

若三根小阴线的高点一根比一根高，出现在高位则被称为三只黑乌鸦，表示价格将见顶回落。

十八、阳线跛脚形

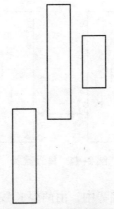

图 2-42　阳线跛脚形

　　此形态出现在股价上升趋势中，由三根以上（含三根）的阳线组成，其后面两根阳线均是低开，且最后一根阳线收盘价比前面阳线收盘价要低。

　　若此形态出现在股价上涨趋势中则后市看跌，若此形态出现在股价大幅上涨之后则信号较为可靠。投资者应视此形态进行做空或卖出等操作以免遭遇风险。

十九、两阴夹一阳

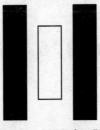

图 2-43　两阴夹一阳

　　此形态既可出现在股价上涨趋势中，也可出现在股价下跌趋势中，左右两边是两根较长的阴线，中间为一根较短阳线。

　　出现在上升趋势中表示股价可能回落，出现在股价下跌趋势中（特别是下跌初期）表明股价继续下跌。投资者见此形态应考虑卖出。

二十、乌云盖顶

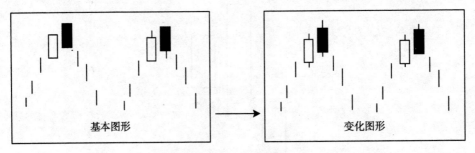

图 2-44　乌云盖顶

此形态出现在股价上涨趋势中，由两根 K 线组成，先是一根大阳线，后面是一根大阴线，阴线已深入到阳线实体 1/2 以下。

此形态的出现为见顶信号，后市看跌。

★　**注意**　★

(1) 阴线深入阳线实体部分越多则信号越强。

(2) 形态出现在牛市中，形态前面的 K 线为光头光脚阳线，后面的 K 线为光头光脚阴线。

(3) 若形态中的阴线实体底部高于某个重要阻力位但未能成功突破此阻力位则表明上攻乏力。

(4) 若在第二根 K 线的底部创出新高时伴随较大成交量则行情转换的可能性很大。

此形态的出现为强烈卖出信号，投资者应根据自己的情况进行轻仓减空、设立止损点和卖出等策略。

二十一、上档盘旋形

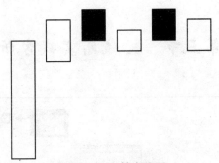

图 2-45　上档盘旋形

出现在股价上涨过程中，由若干根 K 线组成，在上涨时拉出一根较有力阳线后，股价便开始无大幅度变化，出现了一系列的小阴线、小阳线，经过一段时期的整理后，它会作出向上或向下的选择。

此形态时间在 5~14 天内后市一般继续看涨，若持续超过 14 天表示上升乏力，则后市一般会下跌。

出现此形态时，投资者应根据时间来进行操作，切不可一味地做多或做空。

二十二、下跌三连阴

图 2-46　下跌三连阴

出现在股价下跌趋势中，由连续的三根阴线组成，阴线多为大阴线或中阴线，每根阴线都以低价报收，最后一根阴线往往是大阴线，力度最强；出现在股价下跌初期则股价会继续下跌，出现在股价下跌末期表现为空方能量耗尽，若下跌过程中伴随成交量急剧放大往往表现为跌势到头。

投资者遇到此形态时应看准行情切勿盲目卖出。

第三节　K线图实战分析

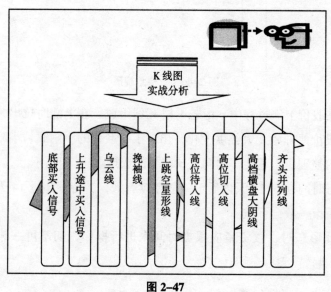

图 2-47

一、底部买入信号

1. 低价位抱（孕）线

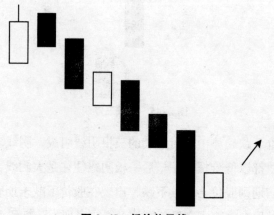

图 2-48　低价位孕线

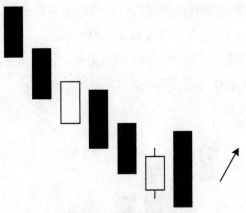

图 2-49　低价位抱线

股价长期下跌，至低位后，先出现一根大 K 线（阴阳皆可），后出现一小 K 线，其最高价与最低价都未超过之前的 K 线的最高价与最低价，则称其为孕线，如图 2-48 所示。若先出现小 K 线后出现大 K 线则称为抱线，如

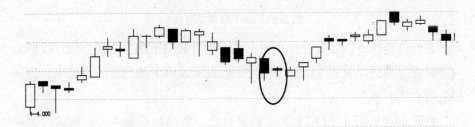

图 2-50　TAI CHEUNG HOLD（0088）2009 年 10 月 7 日至 12 月 7 日的行情走势

图 2-51　日照港（600017）2008 年 12 月 19 日的行情走势

图 2-49 所示。孕线与抱线出现在低位都是较为可靠的买入信号，尤其是周 K 线图中的抱线，信号要强于日 K 线图的抱线。

若在股价下降途中，出现孕线为卖出信号，需卖出；出现抱线为反弹信号，若要抢反弹需动作迅速，否则最好不要抢。

2. 向下跳空星形线

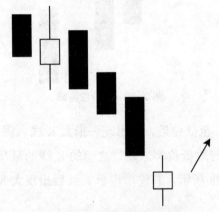

图 2-52　向下跳空星形线

在股价连续下跌之后接连出现一条大阴线和向下跳空小阳（阴）线即为向下跳空星形线，见图 2-52。图 2-52 形表示股价下跌行情即将结束，为强烈的可靠买入信号。

投资者在见图 2-52 形后不应操之过急，需谨慎观察一天，若第二天拉出上升阳线则可大胆买入，若收阴线则还需等待。

图 2-53　云天化（600096）1997 年 8 月 19 日的行情走势

3. 三条大阴线

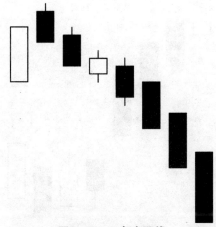

图 2-54　三条大阴线

在股价下跌过程中出现三条连续的大阴线为股价进入底部的前兆，表示价格即将上扬，见图 2-54。

图 2-55　新华百货（600785）2005 年 9 月 14 日的行情走势

4. 向下空影巨段别氏值线

图 2-56　向下空影巨段别氏值线

　　股价大幅下跌后出现一条向下跳空的阴线，并且留下缺口，接连出现不断创新低的 K 线（阴阳均可），之后出现上升的阳线为买入点，此图形表明买入信号很强。

　　确定买入的信号为图形中的第四条阳线，若未出现此阳线则股价可能会继续下降。向下跳空的缺口若出现在股价下跌途中则不能确认底部，只有在股价大幅深跌之后才可确认底部。

　　★　注意　★

　　判断时，此图形与成交量、强弱指标和 KDJ 等技术指标结合分析更可靠。

图 2-57　东方宾馆（000524）1998 年 11 月到 1992 年 2 月的行情走势

5. 底部三鸦

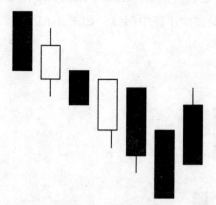

图 2-58　底部三鸦

此图形出现在股价持续下降之后，图形中的三条阴线形成一个倒"山"字，为明显见底信号，投资者应在第二天收出阳线之后买入，否则应继续等待。

图 2-59　中国石化（600028）2009 年 3 月 11 日至 3 月 13 日的行情走势

6. 三川破晓

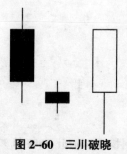

图 2-60　三川破晓

在股价大幅调整之后，在低位出现一根大阴线，之后出现向下跳空小阳（阴）线，向下跳空缺口中出现中阳线，如图 2-61 所示。此图形为强烈见底信号，投资者应尽快买入。

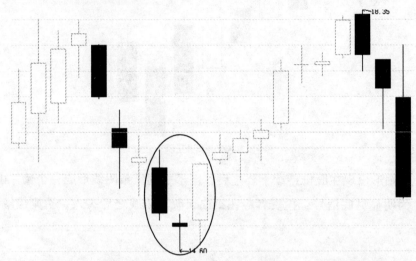

图 2-61　陆家嘴（600663）2007 年 2 月 2 日至 2 月 6 日的行情走势

二、上升途中买入信号

1. 一波三折

在股价上升过程中常出现一波三折形态。此形态中的股价首先上涨甚至形成向上跳空缺口，后来出现的大阴线补回缺口。此后的 3~6 天，股价会形成整理旗形，在成交量大幅收缩后向上突破一根阳线。

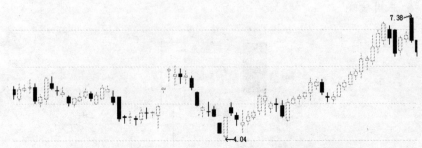

图 2-62　湘邮科技（600476）2008 年 9 月以后行情走势

2. 阳光灿烂型

此形态的前半部分为小 K 线整理形态，后面为连续大中阳线，特别是连续并列的阳线，表现为阳光灿烂式的上涨形态。此形态是坚决做多的信号。

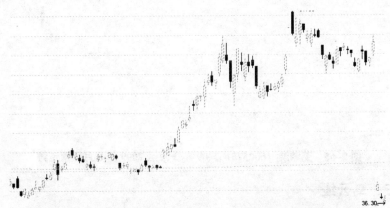

图 2-63 山东黄金（600547）2009 年 1 月至 2 月前夕行情走势

3. 平台突破

此 K 线形态顾名思义，其前面的部分为一个整理形态，形成一个平台形状，后面股价大幅上升，形成"平台突破"。股价在连续上升过程中较难看出后市趋势，数天后在高位进行一到两周的盘整。

★ **注意** ★

判断此形态的标准：股价上升幅度大于 3% 且伴随适当放量。

图 2-64 哈飞股份（600038）2008 年 11 月至 2009 年 2 月行情走势

4. 金星闪烁

此形态在上升过程中拉出一根大阳线，随后出现几根星形阳线或十字星，之后的阳线最低点与前面的星形线最高点基本持平。见此形态投资者可考虑买入。

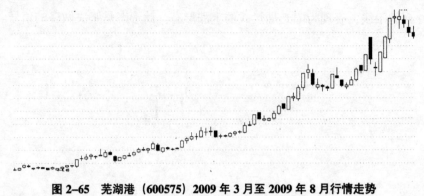

图 2-65 芜湖港（600575）2009 年 3 月至 2009 年 8 月行情走势

三、乌云线

图 2-66 乌云线

乌云线又称为乌云盖顶，形态为一阳一阴两根 K 线，后面的阴线深入前面阳线实体一半以上，且最高点高于前面的阳线，若阴线实体全部吞没阳线则表明见顶信号更强，见图 2-66。

图 2-66 形出现在高位或下降途中，投资者见此图形应坚决卖出股票。

图 2-67 电广传媒（000917）2007 年 10 月 15 日附近的行情走势

四、挽袖线

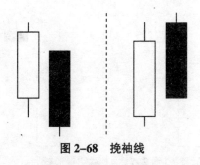

图 2-68　挽袖线

挽袖线有两种情况，如图 2-68 所示。挽袖线由一阴一阳两根 K 线组成，其可出现在股价的任何位置，出现在高位和下跌途中的挽袖线为卖出信号。

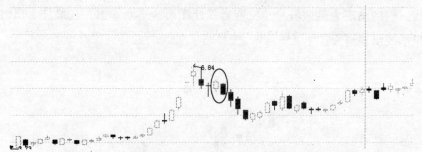

图 2-69　日照港（600717）2009 年 2 月 24 日的行情走势

图 2-70　日照港（600717）2008 年 6 月 6 日的行情走势

五、上跳空星形线

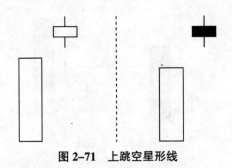

图 2-71　上跳空星形线

　　一般在股价上升 10% 以上的情况下出现此图形。其形态为先是一根大（中）阳线（当日股价升幅至少在 2% 以上），后面是一根向上跳空高开的星形线。它的出现为见顶信号。投资者见此图形应果断卖出，且最佳卖出时间为星形线出现当天。

图 2-72　金瑞科技（600390）2008 年 9 月 1 日的行情走势

图 2-73　联创光电（600363）2008 年 7 月 29 日的行情走势

此图形的星形线向上跳空的同时会伴随较大的成交量，通过暴涨后下跌的走势可判定此形态形成。

六、高位待入线

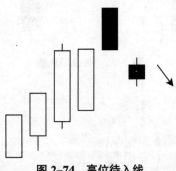

图 2-74　高位待入线

高位待入线的形态如图 2-74 所示，由一条长的大阴线和一条短的小阳线组成，阳线的收盘价接近阴线的开盘价。它的出现为见顶的前兆，后市即将看跌。投资者见此图形应将股票卖出。

图 2-75　红豆股份（600400）2008 年 3 月 12 日的行情走势

七、高位切入线

顾名思义，高位切入线出现在股价的高位，它的图形如图 2-76 所示，由一条长阴线和一条小阳线组成，阳线向下空跳低开，收在阴线实体内，是强烈的卖出信号。

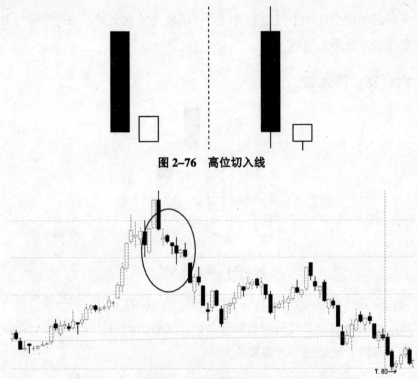

图 2-76　高位切入线

图 2-77　动力源（600405）2008 年 1 月 11 日的行情走势

八、高档横盘大阴线

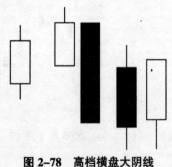

图 2-78　高档横盘大阴线

　　股价在高档横盘整理时出现连续的小阴（阳）线，然后出现一个大幅的向下跳空，形成一个高位的大阴线使股价跌落至横盘区的收市价。之后的股价为下跌行情。

图 2-79　银星能源（000862）2007 年 9 月 11 日的行情走势

图 2-79 为银星能源（000862）2007 年 9 月 11 日的行情走势，途中方块标出为横盘整理阶段，圆圈标出为高档横盘大阴线。

九、齐头并列线

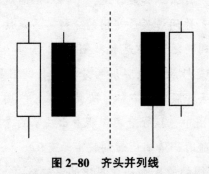

图 2-80　齐头并列线

齐头并列线由两根 K 线组成，其开盘价和收盘价基本持平，两根 K 线阴阳皆可。

齐头并列线只有在高位向上跳空和低位向下跳空的情况下才有意义，前者为见顶信号，后者为见底信号。投资者见此图形应仔细观察其所处位置来进行操作。

★　注意　★

（1）判断高位和低位没有绝对的标准，需投资者对其进行仔细分析。

（2）齐头并列线处于股价天顶位置时，不一定要跳空。

图 2-81　A 股指数（SH000002）2010 年 7 月 1 日的行情走势

本章小结

K 线图是最实用的分析工具

如果你问吃饭用什么工具最合适，中国人认为是筷子，欧美国家认为是叉子。可是假如你问炒股最实用的分析工具是什么，无论欧美人还是中国人都会异口同声地说："是 K 线图。"

是的，K 线图是炒股中最实用的分析工具，它具有无可替代的作用。华尔街的一位资深股民曾宣称：给我一张 K 线图，我能发现庄家的一举一动。从 K 线图中，投资者不但能看出庄家的意图，还能发现股市各种力量的对比，随时、清晰地看到股市的变化……

真正掌握 K 线图的股民如同股市中的"战略家"，能将股市中的各方实力、一兵一卒的布置、运行状态……尽收眼底。对于股民来说，没有什么比掌握足够的信息更重要，而 K 线图正是各种信息的综合体现。

股民炒股盈利的主要途径就是低买高卖，投资者看大盘不是为了欣赏那红红绿绿的条柱，而是为了寻找最佳买点和最佳卖点。看过大盘的人都知道，K 线图向来高低起伏、变化多端。这正是股市的最直接写照，股价随时处于波动状态。了解 K 线图的投资者能从不断变化的 K 线图上看出很多信息：曙光之星、黄昏之星、乌云盖顶等这些图形代表着什么？多空力量交流、庄家拉升、涨停等表现在 K 线上是什么图形？这一切在 K 线图上都有记录。

陈毅元帅说过："历史总是惊人的相似。"股市也是这样，如 K 线金叉表示买进，死叉代表卖出。K 线图就跟交通指挥中心的大屏幕一样，各地路况都清楚地显现出来。

或许有的股民说，我向来主张长线操作，K 线对我没用。很显然，说这话的股民肯定是新股民，只要稍微懂 K 线作用的股民都知道，长线操作同样需要研究 K 线图。只是进行了长线操作的股民需要研究的是周 K 线图和月 K 线图，不像短线操作的股民那样，需要时刻盯着 5 分钟 K 线图、15 分钟 K 线图。

我们完全可以把 K 线图比喻成大盘的"新闻发言人"，能读懂 K 线图的人才能知道大盘的意思，从而做出合理的抉择。当然，有些股民会认为，K 线图也可能被庄家蓄意操作、制造假象。是的，确实存在这种情况，但是我们不能因为它具有这样的缺陷就完全否定它。事实上，真正懂 K 线图的投资者，就算庄家做得再完美、再无懈可击，也不可能迷惑他们。

股民不研究 K 线图，就像美国人不喝可口可乐一样怪异，但是不喝可口可乐的美国人并没有多少损失，而不研究 K 线图的股民肯定难以长久地在股市立足。对于一件事物，我们只有先了解它才能去征服它。所以，对于股市最实用的分析工具——K 线图，我们投资者一定要读懂它、善于运用它，才能叱咤股市。

方法链接

"华尔街黄金眼"——吉姆·罗杰斯的投资之道

吉姆·罗杰斯，被金融界称为"华尔街的黄金眼"。他 1942 年生于美国亚拉巴马州，1964 年毕业于耶鲁大学，1964~1966 年就读于牛津大学，1970 年与另一金融巨鳄索罗斯共同创建了在国际资本市场上呼风唤雨的"量子基金"，仅用短短的 12 年，其累积收益率即超过 4000%，基金规模从初期的 1200 万美元增长到近 3 亿美元，而同期标准普尔指数只上涨不足 50%。沃伦·巴菲特这样评价罗杰斯："我不得不承认，罗杰斯对市场大趋势的把握无人能及。"

作为叱咤金融街的量子基金的创始人之一、闻名全球的投资家，罗杰斯的投资技巧越来越受到人们的关注，我们对他的投资经验进行归纳，以供投资者借鉴。

1. 勤奋

"我并不觉得自己聪明，但我确实非常、非常、非常勤奋地工作。如果你能非常努力地工作，也很热爱自己的工作，就有成功的可能。"索罗斯可以证实这点，索罗斯告诉记者说，"罗杰斯是杰出的分析师，而且特别勤劳，一个人做六个人的工作"。

2. 独立思考

罗杰斯从来都不相信那些证券分析家。"我总是发现自己埋头苦读很有用处。我发现，如果我只按照自己所理解的行事，既容易又有利可图，而不是要别人告诉我该怎么做。"在他看来没有人能靠随大流而发财。"每个人都必须找到自己成功的方式，这种方式不是政府所引导的，也不是任何咨询机构所能提供的，必须自己去寻找。""我可以保证，市场永远是错的。必须独立思考，必须抛开羊群心理。"

3. 绝不赔钱法则

"除非你真的了解自己在干什么，否则什么也别做。假如你在两年内靠投资赚了 50% 的利润，然而在第三年却亏了 50%，那么，你还不如把资金投入国债市场。你应该耐心等待好时机，赚了钱获利了结，然后等待下一次的机会。如此，你才可以战胜别人。"罗杰斯说，"所以，我的忠告就是绝不赔钱，做自己熟悉的事，等到发现大好机会才投钱下去"。

4. 价值投资法则

罗杰斯总是相信商品价值原则，"如果你是因为商品具有实际价值而买进，即使买进的时机不对，你也不至于遭到重大亏损"。他说，"平常时间，最好静坐，越少买卖越好，永远耐心地等候投资机会的来临"。"我不认为我是一个炒家，我只是一位机会主义者，等候机会出现，在十足信心的情形下才出去"。

5. 等待催化因素的出现

市场走势时常会呈现长期的低迷不振。为了避免使资金陷入如一潭死水的市场中，你就应该等待能够改变市场走势的催化因素出现。

6. 静若处子法则

"投资的法则之一是袖手不管，除非真有重大事情发生。大部分的投资人总喜欢进进出出，找些事情做。他们可能会说'看看我有多高明，又赚了 3 倍'。然后他们又去做别的事情，他们就是没有办法坐下来等待大势的自然发展。"罗杰斯反对频繁投资，"这实际上是导致投资者倾家荡产的绝路。若干在股市遭到亏损的人会说：'赔了一笔，我一定要设法把它赚回来。'越是遭遇这种情况，就越应该平心静气，等到市场有新状况发生时再采取行动"。

7. 脚踏实地

"每个人应该找到适合自己的投资方式。我本人比较喜欢那些无人关注的、股价便宜的股票。但是做出背离大众的选择是需要勇气的，而且我认为最重要的是扎实的研究和分析。"他一再强调："如果想要长期地赚大钱，一定要脚踏实地。"罗杰斯认为投资只有脚踏实地才能更持久。

8. 慎重投资

罗杰斯认为投资股票需要谨慎，选股尤其应该如此。不能因为一时的盈利就信心膨胀，他说："很多人在股票市场买了某种股票，看到它往上涨，就自以为聪明能干。他们觉得买卖股票容易得很。他们刚赚进了很多钱，就立即开始寻找其他可买的东西。结果可想而知，又把先前赚的钱全赔回去了。""自信心会导致骄傲，最终导致狂妄自大。"

投资者应该像罗杰斯一样，坚信这一点："好机会本来就不多，更不会接踵而来。一生中你并不需要很多好机会，只要不犯太多的错误就行了。"

第三章　探寻分时图的玄机

分时图是大盘和个股的动态的实时（即时）走势图，是股价运行和成交量的最本质的表现方式，在实战研判中具有极其重要的地位。庄家的所有动作都必将通过分时图表现出来，绝对不可能跳过分时图。投资者只有掌握分时图分析方法，才能对大盘和个股行情了如指掌，正确决策。

第一节　分时图看盘技巧

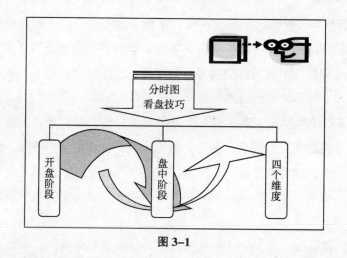

图 3-1

一、开盘阶段

开盘阶段是分析分时图的第一着眼点。关注开盘阶段对于投资者来说是非常关键的。它对后面的股价有很大的预示意义。一个上升品种的高开、低开和平开都有其特殊的含义。每日开盘价分为三种情况：

（1）高开。它一般表明多方坚决攻击的预谋将按计划果断展开，或者表明空方主力拉高诱骗空仓的场外买盘跟进接盘，有利于自己偷偷派发出货。若高开的高度正常，则多空双方战意不强，但高开过多则可能会造成回吐压力；底部大幅跳空高开，则为多空力量转换标志，此时回档为建仓良机，但若股价已有较大涨幅后跳空则为出货时机。

（2）平开。它表明多空双方认同上一日收盘价，并在开盘后处于力量平衡的状态，但其意图可在开盘后的趋势中看出。

（3）低开。低开则可能表明大势向坏的方向逆转。底部的跳空低开则表示大势将要逆转，空方力量将要消耗殆尽，是买进良机。

二、盘中阶段

盘中阶段指一天当中的 9:45~14:45。这是多空双方正式交手的过程。我们把它也分为三个阶段。投资者应细心观察三个阶段多空双方所表现出的特点，适当出售，把握盈利的时机。需要注意的是这三个阶段不包括利空和利多消息影响的情况，如果有消息影响，结果就会不同。

（1）多空搏斗阶段。如果股价或者指数长时间平行。表明多空双方战意不强。股价或指数波动的频率越高，表明多空双方搏斗越激烈。多空双方任何一方想要取胜，不仅需要依赖自身的实力，包括资金、信心、技巧，还要考虑消息和人气等方面的因素。

（2）多空决胜阶段。多空双方经过拼杀后打破僵局，走势出现明显的倾斜。若多方占据优势，则步步推高；若空方占据优势则步步下移。胜利方将乘胜追击，扩大战果；失败方见大势已去，将失去抵抗。此时是进出的最佳时机。早了则涨跌不明，危险很大；晚了则痛失良机。多空决胜阶段买卖股票最为稳当。

（3）强化阶段。是 14:30 前盘中出现的最高点和最低点的中间值。若此时价格在中间值和最高点之间运行，涨势会进一步强化，尾市有望高收。若此时价格在中间值和最低点之间运行，则往往出现尾市杀盘。多空强化阶段是盘中的最后阶段，形势已经明朗化，盘中一般会出现强者越强、弱者越弱的情况。因为败方大势已去，无时间还击。

三、四个维度

1. 回调

所谓回调，是指在价格上涨趋势中，价格由于上涨速度太快，受到卖方打压而暂时回落的现象。回调幅度小于上涨幅度，回调后将恢复上涨趋势。

（1）回调时间。短时回调。顾名思义，是指回调时间远小于上涨时间。它往往出现在强势封停的个股中，且一般情况下再上涨的涨幅和力度与其回调时间成反比，回调时间越短则股价上涨的力度和幅度就越大。投资者见此回调可不必将手中股票卖出，而是等待股价大幅上涨。

中时回调。回调时间与上涨时间比较接近。此回调后股价再上涨情况要看成交量能否放大，若有量能放大则股价会上涨。短线投资者可视量能的出现与否选择介入，而中长线投资者在主力未出逃的情况下可选择继续等待上涨行情。

长时回调。回调时间远大于上涨时间。此回调表示股价上涨机会较小。短线投资应尽量回避含此回调的大盘走势。

（2）回调力度。弱势回调。弱势回调只出现在强势上涨的个股中，指回调不足上涨波段的1/3，投资者应灵活操作，善于抓住时机，回调后的再次突破前期高点可选择介入。

中度回调。此阶段的多空双方力量相当，股价下降幅度并不严重，一般至前一涨幅的1/2。若主力未出逃且量能放大则可期待股价的再次上涨。

强势回调。强势回调是指回调幅度超过1/2或彻底回落，投资者遇此类回调应谨慎。这种回调的跌幅一般会超过涨幅的1/2甚至跌至原点，达2/3之多则为典型强势回调则后市很可能看跌。

（3）回调量能。无量回调指股价在上涨之后又产生回落，并伴随成交量极度萎缩，几乎无抛盘，后市看涨可能性大。

缩量回调和无量回调很相似，只是成交量要大一些，抛盘较小，回调后成交量再次放大则股价会上涨，幅度会增大。

放量回调同样也是在股价上升之后产生回落，由于主力卖盘增加，抛压增强，有逐步出货迹象，而形成逐渐放大的成交量。面对这种回调，投资者应谨慎，马上退出为妙。

成交量在股价上涨时呈正三角形，而股价下降时呈倒三角形为完美形态，后市看好。

2. 角度

（1）再上涨角度。此类角度为股价经回调后再上涨的角度。若其较前一角度增大很多，则此上涨角度的上涨速度和幅度极大，投资者宜跟进；若其较前一角度基本平行，投资者可根据上一个波段股价上涨情况来判断，此上涨幅度，可选择机会适时介入；若其较前一角度减小很多，则上涨空间有限，投资者应密切关注成交量变化；若出现成交量放大则有可能上涨，可适时选择机会介入。

（2）再下跌角度。此类角度为股价下跌并出现一次反弹之后分时线的再次下跌。当出现远大于前一下跌走势的角度时，投资者应选择避开；当出现与前一下跌走势基本平行的角度时，投资者应立即清仓出局；当出现远小于前一下跌走势的角度时，投资者最好出局。

（3）反向角度。

①上涨反转角度。此类角度指股价下跌形成某个角度之后又上涨形成某个角度。若上涨角度大于下跌角度，则投资者可大胆介入；若上涨角度和下跌角度基本平行，投资者需等待股价继续放量上涨时方可介入；若上涨角度小于下降角度，则投资者可以退出观望。

②下跌反转角度。此类角度的形成是股价上涨后出现的下跌走势。若下降的角度比上涨的角度大，投资者应选择回避；若下降角度与上涨角度基本持平，则投资者需等待股价跌到与上涨持平时再寻找介入时机，而持有者对股票的反弹应在前期高点卖出；若下降角度小于上涨角度，则后市很有可能大幅上涨，投资者应考虑适时买入。

（4）极限角度。上涨极限角度接近90度，形态十分陡峭，是分时图中最后一波上涨，若不能成功则有可能转为下跌。此角度耗费资金量大，它的出现往往使分时图中成交量达到最大。当股价上涨幅度达到7%时出现极限角度，成交量最大，当天涨停的可能性很大。若其过早出现并伴随最大成交量，则涨停之后很难再涨，勾头时一定要卖出。

3. 波长

分时图的波长的变化可分为三种情况：波长减短、波长相等和波长增大。

上涨情况中：若再上涨波长较前一波长减短，则后市下跌可能性大；若再上涨波长与前一波长相等，则多空双方力量相当；若再上涨波长较前一波长增大，则涨势增加。

分时图中波长的上涨可分为三个段式，每一段波长之间有延续性。如果再次上涨的角度相同，则三段波长基本相等；若再次上涨的角度增大并伴随量能，则再上涨波长是前段波长的 1.318 倍或 1.618 倍；若再上涨的角度减小，量能减弱，则再上涨波长是前段波长的 0.318 倍（1/3）或 0.618 倍（2/3）。

下跌情况与上涨情况相反，按照再上涨波长由短到长的顺序，情况分别是：股价止跌可能性大、多空双方力量相当和下跌趋势增大。

投资者对于不同情况下的不同波长应视情况来决定如何进行操作。

4. 分时区间

将上涨与回调的运动规律（即上涨，回调再上涨或反转）延伸到一整天的分时图上则可总结出"分时形态"。其可分为原势区间、转势区间和突破区间，特点是简洁、清晰，更便于操作。

不同区间内有不同的操作方法。原势区间内投资者只需观望，不进行操作。转势区间为决策区间，其形成原因为股价走势移出原势区间从而改变了涨跌斜率，在此区间股价可能保持原来运动趋势也有可能反转。当股价突破转势区间时即为突破区间，若向上突破则应立即买入；若向下突破则应立即卖出；若股价无涨跌则放弃该股。

第二节　分时图分析实战

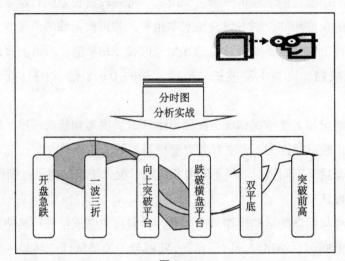

图 3-2

一、开盘急跌

图 3-3

开盘后股价在较短时间内急速下跌以致跌幅超过 5%或大幅低开称为开盘急跌。投资者应在出现急跌的最低点，股价开始有上升趋势时选择买入股票。若开盘后跌停则选择较优股票在下跌且跌停打开时买入。

图 3-3 中开盘后股价线涨了 1.49%，之后跌了 2.06%，其间相差近 4%。在股价线突破均价线时可买入，当天可获利 3%。也可在第二个低点买入，但风险较大。

二、一波三折

在股价运动中出现连续三个上涨或下跌的波浪为一波三折。这三个波幅要超过 3%才有意义，且波幅越大买进收益越高。上涨和下降的一波三折中，第三波的出现都为买入点（股价下降情况下应在第三波出现向上趋势的第一时间买入，股价向上穿过均线则进行第二次买入），下降为做多，上涨为做空。

图 3-4 为典型买入图，股价开盘经过三个下跌量，股价上穿均价线时为最佳买入时机，但此时期买入获利较少，因为总的上升幅度或下跌幅度小于 3%。

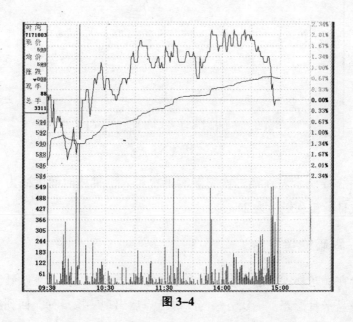

图 3-4

三、向上突破平台

股价在整理形态（不超过半小时）中出现突然向上突破的形态为向上突破平台。形态应为波幅较小的股价贴近均线（整理形态中基本无波，呈现一水平线状态）波动，与所形成的最高点基本持平。

投资者买入时机应为突破后的最高点，在最高点出现时立即买入。若在一天之内出现三个整理平台，应小心操作。

图 3-5 为股价线沿均价线上平行整理且没有较大波幅，在 10：00 附近开始向上突破。在此时期买入则次日获利可达 3%。

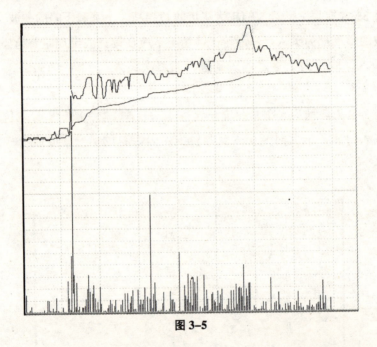

图 3-5

如图 3-6 所示若在第二次突破时再次买入，具体时间大概为 11：30 左右，则次日的获利最多为 2%。

四、跌破横盘平台

股价在横向整理状态（横向平台走势需明显）中突然向下跌破此平台形成跌破横盘平台形态。确认方法为跌破低点后出现一次反弹，回到低点后再跌破。

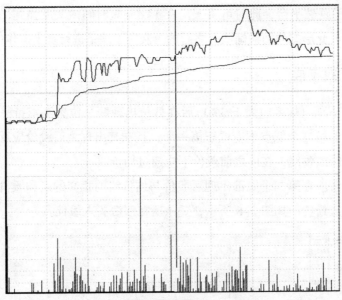

图 3-6

投资者的卖出时机为反弹回低点附近时。若跌破平台在低位，则应在跌破低位时买进而在次日逢高卖出。跌破平台出现越多则卖出信号越弱。

图 3-7 中股价在上午走高之后，均价线进行了长时间的横盘整理，在

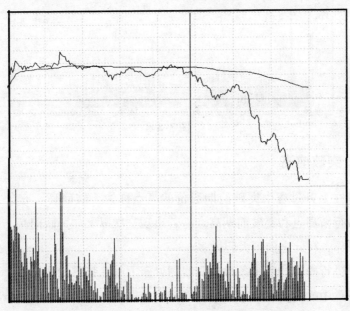

图 3-7

13:30 向下跌破平台，此时可买入。在 14:00 短时间内又反弹到平台的低点附近，形成此形态的回抽确认。之后的再次向下跌是进行卖出操作的信号。

五、双平底

股价下跌（幅度应大于 3%）后在低位出现两个位置基本持平的低点称为双平底。第二个低点不应低于第一个，且在其出现之后股价应反转向上并超过均价线或颈线，在此之前股价不应超过均价线。

投资者应在第二个底部出现后股价与均价线的相交的点和股价突破颈线的位置买入最佳。如图 3-8 所示，竖条所在双底买入最佳。

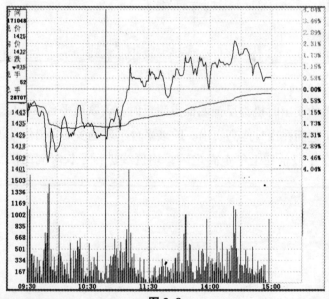

图 3-8

六、突破前高

股价在上升过程中突破前期股价的高点称为突破前高。它分为两种情况：突破行情高点和突破前期高点。若出现三次以上"突破前高"则需投资者小心操作，在此之前可大胆做多。

安全进行操作的前提条件是日线图处于上升趋势且价位不高。若股价在盘整或下跌中的高位时，应在第三次超过前期高点时做空。若股价在开盘后小幅上涨并形成整理形态，则投资者应在突破整理形态的高点选择介入。

如图 3-9 所示，第一次突破时可买入。

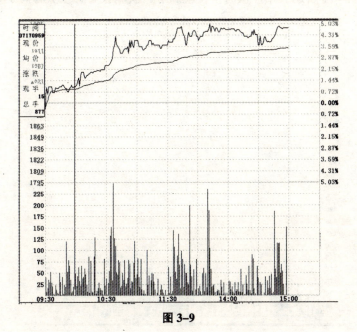

图 3-9

如图 3-10 所示，第二次突破时买入信号不如第一次。

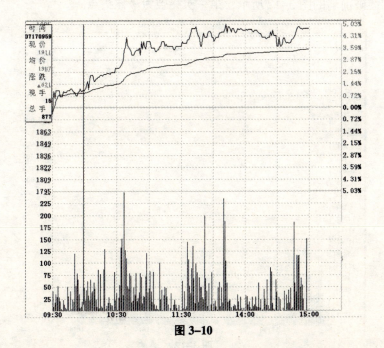

图 3-10

如图 3-11 所示，第三次时价位就高了，获利较难，投资者需小心。

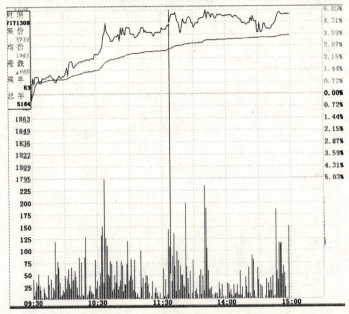

图 3-11

如突破前高的图 3-12 所示，第一次突破为最佳买点。

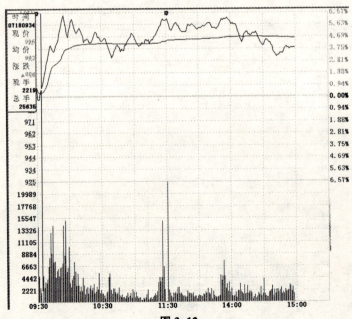

图 3-12

在图 3-13 上显示的第二次突破则不是次买进时机了。因为股价已上涨4.69%，由于涨幅过高，后市则面临回吐的压力。当然如果该股才开始拉升，还是可以追高的。在 14:30 之后买入，则获利与之前相比小很多，而且会失去一些机会。但是把握会更大，准确率也会更高。开盘急跌 5%以上的股票，即使有小的 V 形反转，也往往为诱多套杀。

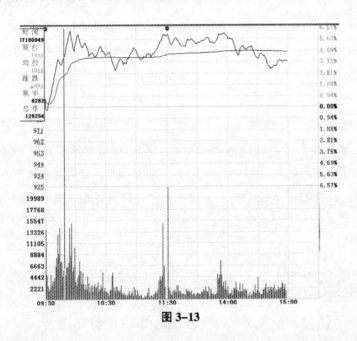

图 3-13

本章小结

分时图是衡量股价涨跌的利器

很多股民抱怨：股价太容易变动了，比最恶劣的天气还要反复无常。天气预报能预测天气，股价能预测吗？其实，这些股民的抱怨并不全对，股价虽然不能预测得很准，但是高明的投资者通过对分时图的研究，还是能大概地对其走势进行预测，只是不能像天气预报那样预测很多天。

股市交易中分为两大势力：买方和卖方，即所谓的多方与空方。股价的上下起伏正是多空双方交战的直接表现。多方占据主导地位，那么股价就会一路上涨；反之，则会下跌。分时图记录着多空双方的较量状态以及整个大盘的变化趋势，虽然它上面没有直接标明多空双方的较量结果，但是它随时反映着双方的实力。有经验的股民能从中看出哪一方占据优势，从而预测股价的走势，伺机出手，赚取丰厚利润。

从开盘到集合竞价这短短的几十分钟，其实多空双方已经进行过了"前锋对决"，相互试探后，其结果在分时图上能明显地体现出来。在开盘半小时后，双方开始正式"短兵相接"，这时的分时图的走势几乎就能体现一天的股价大体走势。接着庄家开始试盘……分时图能清晰地体现这一切。

有经验的投资者对分时图比较精通。预言家往往都是善于从现实中的状况推断未来，是见微知著的智者。股市中的智者则是那些看分时图、知股价涨跌的人。影响股价波动的因素很多，但所有因素对股价产生作用的结果都清楚地反映在分时图上，分时图是衡量股价涨跌的重要手段，是投资者入市赚钱必持的"倚天宝剑"。

方法链接

价值投资之父本杰明·格雷厄姆的投资之道

本杰明·格雷厄姆1894年生于纽约市，毕业于哥伦比亚大学，是巴菲特就读的哥伦比亚大学经济学院的研究生导师、华尔街的传奇人物之一，同时也是现代证券分析和价值投资理论的奠基人，被称为"现代证券之父"，著有《证券分析》和《聪明的投资者》。

本杰明·格雷厄姆的投资哲学——"基本分析法"和"风险缓冲带"被沃伦·巴菲特、马里奥·加贝利、约翰·奈夫、米歇尔·普赖斯、约翰·鲍格尔等一大批顶尖证券投资专家所推崇。他的金融分析学说和思想在投资领域产生了极为巨大的震动，影响了几乎三代重要的投资者，如今活跃在华尔街的数十位管理上亿美元的投资管理人都自称为格雷厄姆的信徒。

以下为格雷厄姆的投资经验，仅供股民朋友参考。

1. 对股市的理解

格雷厄姆对股市的理解："股市行为必然是一个令人困惑的行为，否则稍懂一点知识的人就能获利。投资者必须着眼于价格水平与潜在的价值或者核心价值的相互关系，而不是市场正在做什么，将要做什么。"

2. 做有把握的投资

"投资人一定要做一个真正的'投资者'，而投资者一定要避免投机。"格雷厄姆认为，投资者在股票交易中应根据自己的情况做自己有把握的事情，而不是像投机者那样只是为了获取某种利益而参与市场（投机者对自己的做法没有一个是有把握的，只是碰运气）。

3. 设定安全边际

"我大胆地将成功投资的秘诀精炼成四个字的座右铭：安全边际。"在格雷厄姆看来，安全边际和抵御股价的下滑能力是成正比的，要抵御股价下滑能力，则安全边际就要高。因此，格雷厄姆把对损失的避免视为最重要的。损失有大有小，若一个投资者买了1000美元的股票，但之后其买入股票的市值跌到500美元，投资者的损失达到了50%，在这种情况下只有100%的增长才能达到收支平衡。

4. 买便宜的股票

在格雷厄姆看来，"买股票不是到百货公司买香水。你买奢侈品，目的是让别人说你有钱，买得起贵的。买股票应当像是买日用品，只要能用、好用、管用，越便宜、越省钱越好。"他认为，品种太贵的股票不值得投资者持有，因为持有此股票的风险会随着价格的攀升而增大，相反，收益却不会随着价格而增加。

第四章　研判趋势的深刻警示

"顺势者赢，逆势者亏。"一个成熟的投资者在决定操作策略时，第一步就是研判行情的趋势，只有顺势而为才是炒股赚钱的不二法门。

第一节　趋势看盘技巧

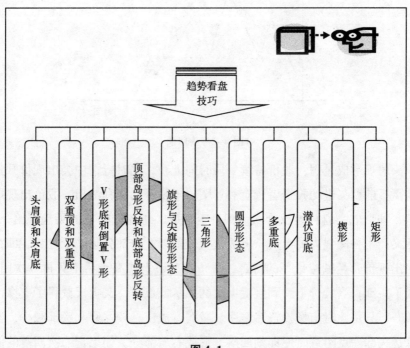

图 4-1

一、头肩顶和头肩底

头肩顶和头肩底统称为头肩形，是最著名、最可靠的反转突破形态，是在实际价格形态中出现最多的形态之一。

1. 头肩顶

头肩顶的成立一定要有"一头双肩"，即在该形态中要连续出现3个局部顶点，中间的高点要比另外两个高点高，中间的高点称为头，左右两边的两个相对低的高点称为肩。当右肩跌破颈线的支持，股价直下时，才符合头肩顶的形态。如果左右肩成立之后，颈线发挥极大的支持力，价位没有突破颈线向下，反而向上回升的话，这是失效的头肩顶形态。头肩顶简单形态如图4-2所示。

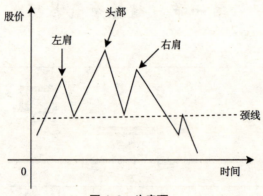

图4-2 头肩顶

头肩顶形成过程：股价持续一段时间上升，此时行情中会出现价升量增的特点，前期买进的投资者皆有利可图，于是开始获利沽出，股价出现短期回落，即形成左肩；当股价回落到一定程度，想逢低吸货的买盘开始介入，随后又产生一次强力的上升，但成交量较前期左肩部分呈减少之势，即在行情中出现价升量减或量平的特点，股价在升破上次高点后不久再一次回落，形成了头部，当股价下跌到接近上次的回落低点时，又再次获得了支撑，开始回升，只是此时市场投资热情明显减弱，成交量较左肩和头部减少，当股价抵达头部高点附近时便即刻回落，形成右肩部分。如果把二次回落的低点用直线连接起来，便可以画出头肩顶形态的颈线，当颈线支持被有效跌破时，即跌幅超过市价的3%以上时，头肩顶形态成立。

根据市场经验，我们知道头肩顶是一种很强的见顶信号。当多方赖以生存的颈线被中阴线有效击破时，表明后市股价下跌已成定局。如果遇到这种行情，投资者应该认清趋势，不抱幻想，止损离场是最明智的选择。

★ 　**注意**　★

（1）当股价形成头肩顶雏形时，投资者就要引起高度警惕，这时股价虽然还没有跌破颈线，应先减轻仓位，卖出手中的部分筹码，日后一旦发觉股价跌破颈线，应即刻将手中剩余的股票全部卖尽，离场观望。

（2）向上突破时，放量而向下破位时，量可放大，也可缩小。一般而言，在头肩顶形态中，击破颈线的量很小，随后才是放量下跌，有时也会出现小量持续滑落之势，所以投资者要保持理性的认识。

（3）头肩顶杀伤力度大小与其形成时间长短成正比，所以要求投资者在关注日 K 线图时，对周 K 线图、月 K 线图中的头肩顶形态也要高度重视。

2. 头肩底

头肩底形态有时候也称为倒头肩形，它正好与头肩顶形态互为镜像。头肩底形成过程大致有：股价经过长期下跌后，成交量减少，抛压减轻，股价走缓，并出现轻微反弹，形成左肩；紧接着继续下跌探底，遇到多方反击，成交量迅速放大，股价回升超过左肩价位，形成头部；随后又再次回档下探，形成另一个底部，也就是另一个肩部即右肩，此肩部和左肩低点相近。随后多方反攻，在大成交量的配合下将股价拉起。如果股价上升超过颈线位3%，就可确认后市属于上升走势。头肩底简单形态如图 4-3 所示。

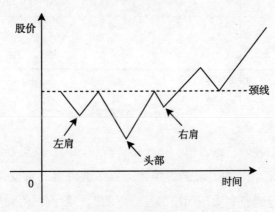

图 4-3　头肩底

★ 注意 ★

（1）通常情况下，头肩底形态较为平坦，也需要较长的时间才能完成。

（2）头肩底和头肩顶的形状相反，二者主要的区别在于成交量的多寡。

（3）头肩底是极具预测能力的形态之一，一旦获得确认，多数情况下后市升幅会多于其最少量度涨幅。

（4）当头肩底颈线突破时，就是一个买入信号。

（5）在头肩底形态中，突破颈线后可能会出现暂时性的回抽确认，一般股价回跌不低于颈线。

二、双重顶（M 头）和双重底（W 底）

双重顶和双重底就是市场上众所周知的 M 头和 W 底，属于反转突破形态。这种形态出现的概率比较大，是投资者利用形态研判市场行情不可缺少的基本形态。

1. 双重顶（M 头）

双重顶（M 头）是指价格上涨到某一程度后，出现较大的成长量，随之呈现小量拉回，接着价格再度上涨到几乎与第一个波峰相同的高度，成交量也随之放大，但是小于第一个波峰的量。双重顶形态如图 4-4 所示。

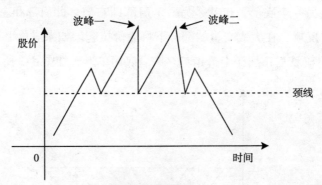

图 4-4 双重顶

从图 4-4 中我们可以看出，当价格再度拉回时，跌破颈线，则双重顶完成，趋势反转发生。在上涨趋势中，第一个波峰后，成交量回撤是正常现象，价格上涨遇到获利卖压而拉回是合理的。当股价回落到某水平，吸引了短期投资者的兴趣，另外，较早前沽出获利的也可能在这个位置再次买入补回，于是行情开始回复上升。

与此同时，对该股信心不足的投资者会因觉得错过了在第一次的高点出货的机会而马上在市场出货，加上在低水平获利回补的投资者也同样在这个水平再度卖出，强大的沽售压力使股价再次下跌。由于高点两次都受阻而回，令投资者感到该股至少在短期内无法再继续上升，所以，愈来愈多的投资者沽出，令股价跌破上次回落的低点（即颈线），于是整个双头形态形成。

在第二个波峰拉回后，若跌破原来支撑线，则显示在心理压力因素下，后续的卖压将涌现，引发另一波价格的下跌。另外，真正的双重顶的两个高峰出现的时间可能在数周至数月之久，时间过近的双峰可能只是整理。

2. 双重底（W底）

双重底（W底）是指价格在某时段内连续两次下跌至相同低点时而形成的走势图形。当出现双重底时，通常反映行情正在向好发展，多数情况是由熊市转为牛市。

双重底形态一旦形成，投资者必须确定形态是否穿破阻力线，如果穿破阻力线，表明市场有强烈的需求，成交量会回调而大幅增加。

在双重底形态中，出现两个高度一致的低点。价格在经历较长时间的大幅度的下跌趋势后，呈现出反弹的迹象。价格在达到双重底的第一个低点后反弹，并在阻力线的压力下下降形成第二个低点（双重底的第二个低点），随后反弹，一旦突破上面的阻力线，该阻力线继而变成支撑线，双重底反转形态形成。双重底形态如图 4-5 所示。

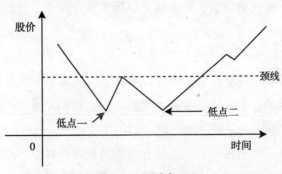

图 4-5　双重底

在成交量方面，双重顶的两顶位置成交量都很大，但第二顶一定比第一顶成交量小。双重底的第一个底成交量最大，触底上升时成交量也不小，但第二个底的成交量显著萎缩。双重底在向上突破颈线时，一定要有放大的成交量的配合。

根据市场经验，双重底多数发生在股价波段跌势的末期，很少会出现在下跌行情的中途。投资者可以依据以下特征来判断：

（1）它的第一个底部形成后，其反弹幅度一般在10%左右。

（2）第二个底部形成时，成交量不大，往往会出现圆弧形形态。

（3）一般第二个低点比第一个低点高，不过，有时也可能比第一个低点更低，这主要是主力所为。主力探底必须要彻底，只有跌到令多头害怕，不敢持股，才能达到低位建仓的目的。

（4）双重底形态中的突破经常伴有回抽，在颈线附近自然止跌回升，从而确认往上突破有效。

（5）时间跨度比较长，第一个低点与第二个低点之间，时间跨度应不少于一个月。因为时间太短形成的双底，其触底回升的信号准确性较低，投资者要引起警觉。

（6）双重底是个底部转势信号，但其转势信号的准确度不及头肩底，所以，投资者要加强分析，辨别其真伪。

三、V形底和倒置V形

V形底与倒置V形是较难把握的一种剧烈反转形态。常出现在暴涨暴跌中，多是由于受到消息面的影响或是市场情绪化操作。它发生时，几乎没有预兆。

1. V形底

V形底通常是由于恐慌性抛售，跌到了偏离股票内在价值的低位，是报复性上涨的结果。它往往是在重大利好消息来临时或是在严重的超卖情况下产生，形成短期内价格的剧烈波动。如图4-6所示。

从图4-6可以看出，V形底没有明确的量度升幅，一般都会回到原来的起点区域。通常情况下，V形底在转势点必须要有明显的大成交量配合，否则形态无法确立。投资者需要注意在V形底反转当天，日K线往往形成十字星，并带长下影阳线或大阳线等形态。

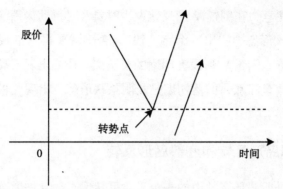

图4-6　V形底

2. 倒置V形

倒置V形常出现在涨市后期或失控的牛市环境中，前期市场涨势过于猛烈，突发因素造成转折点，以关键反转日或岛形反转的形式发生。股价急速掉头，众人恐慌抛售，下跌令人措手不及。

倒置V形走势的顶部十分尖锐，常在几个交易日之内形成，而且在转势点都有较大的成交量。在涨势中，市场看好的气氛使股价节节上扬，但这些追涨的力量多为短线行为，而一旦买方都买了，后面买方力量出现空缺时，危机就出现了。短线投资者见股价涨不上去，就会反手沽空，将筹码卖出，后来这种现象愈演愈烈，市场迅速逆转，以几乎等同于上涨时的速度快速下跌。倒置V形走势就这样产生了。如图4-7所示。

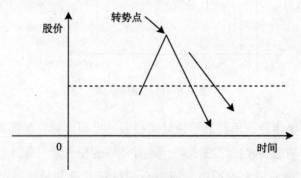

图4-7　倒置V形

投资者要注意，在倒置 V 形反转发生时要及时行动，稍晚一步跌幅可能已过半了，在该形态中突出一个字"快"，否则就要再仔细观察，因此在操作时应谨慎对待。倒置 V 形没有明确的买卖点，往往出现于高价区，股价大幅拉升之后，放量滞涨，回落初期是长阴杀跌形态，出现此种信号，投资者应果断离场。

四、顶部岛形反转和底部岛形反转

岛形反转是股票形态学中的一个重要反转形态，这种形态出现之后，股价走势往往会转向相反方向。所以，投资者看到这种形态应及时做出卖出（顶部）或买入（底部）决定。岛形反转分为顶部岛形反转和底部岛形反转。

1. 顶部岛形反转

顶部岛形反转是指股价在前期上涨时留下一个向上跳空缺口之后，继续上行，但走势已明显转弱并逐渐转化成向下。当下行到前期的向上跳空缺口位置，突然以一个向下跳空缺口，展开加速下跌态势，形成顶部岛形反转。如图 4-8 所示。

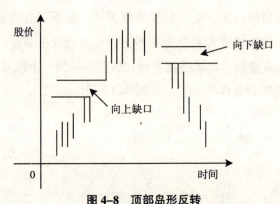

图 4-8　顶部岛形反转

投资者需要留意，顶部岛形反转为极强的见顶信号。顶部岛形反转一旦确立，说明近期股价走低已成定局，此时持筹的投资者只能认输出局，如果继续持股必将遭受更大的损失。而空仓的投资者近期最好也不要再过问该股，即使中途有什么反弹，也尽量不要参与，可关注其他一些有潜力的股票，另觅良机。

顶部岛形反转具有如下特征：

（1）在岛形前出现的缺口为消耗缺口，其后在反方向移动中出现的缺口为突破缺口。这两个缺口在很短时间内先后出现，最短的时间可能只有一个交易日，也可能长达数天甚至数个星期左右。

（2）形成岛形的两个缺口大多在同段价格范围之内。

（3）岛形以消耗缺口开始，突破缺口结束。这情形是以缺口填补缺口，因此缺口被完全填补了。

（4）岛形反转的两个缺口之间的总换手率越大，其反转的信号越强。

（5）如果是短时间内的巨量换手，则成为岛形与"V形反转"的复合形态，表示其信号非常强大。

2. 底部岛形反转

底部岛形反转是个转势形态，它表明股价已见底回升，将从跌势转化为升势。底部岛形反转时常会伴随着很大的成交量。如果成交量很小，这个底部岛形反转图形就很难成立。如图4-9所示。

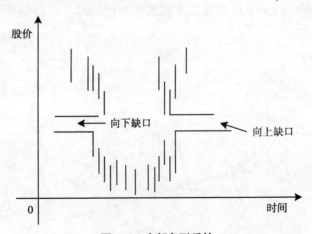

图4-9 底部岛形反转

投资者面对底部岛形反转的个股时，应首先想到形势可能已经开始逆转，不可再看空了。激进的投资者可在岛形反转后向上跳空缺口的上方处买进，稳健的投资者可在股价急速上冲回探向上跳空缺口获得支撑后再买进。当然如果股价回探封闭了向上跳空缺口不要买进，应密切观望。

五、旗形与尖旗形形态

旗形，顾名思义，就像一面挂在旗杆顶上的旗帜，这种形态通常出现在急速而又大幅波动的极端市场中。股价在经过一连串紧密的短期波动后，形成一个略微与原趋势呈反方向倾斜的平行四边形，这就是旗形走势。

旗形走势一般可分为上升下飘旗形和下降上飘旗形两大类，不过，还有一种特殊形态，即尖旗形形态。

1. 上升下飘旗形和下降上飘旗形

股价经过一段短暂的飙升后，成交量放大后股价受阻回落，小幅回调后便开始反弹，反弹没有创出新高又出现回落……股价如此往复下移，将这略微下倾的整理运动的高点和低点分别连接起来，就可以画出两条平行线而又下倾的平行四边形，这就是上升旗形运动，如图 4-10 所示。下降旗形则正好相反，短期股价形成一个略微上倾的整理运动，将高点和低点分别连接起来，就可以画出两条平行线而又上倾的平行四边形，这就是下降旗形运动，如图 4-11 所示。

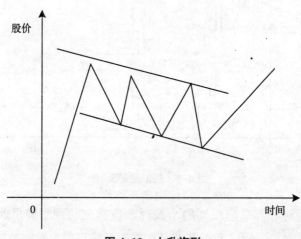

图 4-10　上升旗形

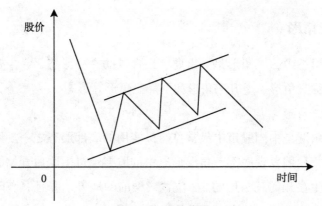

图 4-11　下降旗形

在旗形形态中，当股价完成旗形整理往上突破时，必须要有成交量激增的配合，后市股价才能大幅涨升，且涨升速度很快，上涨角度接近垂直；当旗形向下跌破时，也需大成交量配合，这是与其他整理形态显著不同之处。

旗形整理最佳的买卖点是在旗形放量突破上升、下降压力线或回抽确认之时。旗形突破后，最少量的升跌幅度等于整支旗杆的长度。

2. 尖旗形

尖旗形形态是指其上下两条线相交形成的图形。尖旗形和对称三角形在外形上类似，不同之处在于旗形是强势整理，持续整理的时间短，回调幅度小，成交量虽逐级递减，但始终保持更活跃的状态。如图 4-12 所示。

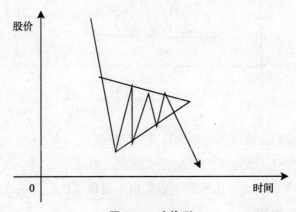

图 4-12　尖旗形

六、三角形

在整理形态中，三角形是最重要、最常见的一种形态，它主要包括底部三角形、对称三角形、上升三角形和下降三角形等形态。

1. 底部三角形

底部三角形是中国股市中最常见、最实用的底部形态之一。经过长时间的市场观察，我们发现底部三角形形态中的股票经过下跌后开始回升，通常它的突破发生在几何三角形的 2/3 位置或稍前的地方，并且突破时伴有较大的成交量。这是底部三角形形成的前提条件。

底部三角形的形成过程如下：主力为了建仓会使长期下跌的股价开始回升，但遇到市场的抛压，又迫使股价下行。由于主力看好该股，会不断逢低吸纳该股筹码，于是股价没有下跌到上次的低点又开始回升，致使震荡的低点越来越高。当运行到三条连线形成的三角形 2/3 的位置附近时，主力加仓买入，放量突破前期压力位置，上涨空间被彻底打开，如图 4-13 所示。

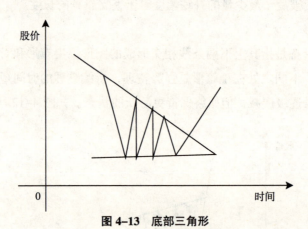

图 4-13 底部三角形

通过观察我们发现底部三角形具有如下特征：

（1）股价在经历大幅下跌之后三次探底，都几乎在同一水平获得支撑，形成三角形的下边。而三角形的上边是由于股价每次反弹的高点逐渐下移，反弹力度渐弱而形成的。

（2）第三次探底时成交量极度萎缩，成交几乎停滞，随后成交逐步放大，股价开始上行，并最终突破压力向上发展。

（3）底部三角形向上突破后往往都伴有一次回抽，且有较小的成交量配合。

（4）整个底部三角形形态形成过程中，成交量逐步萎缩，到三角形尖端附近缩至最小，然后逐步放大。

投资者需要注意，底部三角形向上突破时通常会出现两种情况：

（1）有回抽上升，即突破上边线，回抽后再向上走。

（2）无回抽上升，即突破上边线后，直接上涨。

底部三角形买入时机一般很明确，即在底部三角形突破发生后，回调结束时买入，中线持有。

图4-14 河北钢铁的底部三角形

从图4-14中我们可以看到河北钢铁（000709）在2008年1月中旬以后开始经历了长达一年的下跌，直到2008年末放量见底，股价开始了一波急速上涨。到2009年2月中旬形成第一个高点，之后股价开始上下震荡，2009年4月中旬形成第二个高点，前后两个高点基本相同，震荡中出现了3个低点，且3个低点的趋势是不断抬高的。2009年5月中旬该股放量突破整理形成的三角形的2/3位置处，形成三角形的时间大概是5个多月时间，整理过程中始终没有跌破60日均线，至此形成了比较标准的"底部三角形"走势。

2. 对称三角形

对称三角形，顾名思义，就是将每日 K 线连接起来之后，形成的呈对称三角形态势的 K 线图。

对称三角形的形成过程：在价格变动趋势中，变动幅度逐渐缩小，每次变动的最高价低于前次，而最低价比前次高，整体呈一压缩图形，把短期高点和低点分别以直线连接起来，就可以形成一相对对称的三角形。对称三角形的成交量因愈来愈小幅度的股价变动而递减，当股价突然跳出三角形时，成交量随之变大，如图 4-15 所示。

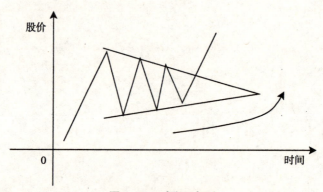

图 4-15　对称三角形

一般而言，对称三角形大部分属于整理形态，但也有可能在升市的顶部或跌市的底部出现。投资者在判定对称三角形时，需注意以下几点：

（1）对称三角形形态中必须要有明显的两个短期高点和短期低点出现。

（2）向上突破时需要大成交量伴随，向下突破则不必。

（3）该形态中股价变动愈接近其顶点而不能突破界线时，其力量愈小，接近顶点的突破即失效。

投资者在确定买卖信号时需要留意两点：

（1）如果股价往上冲破阻力，且有大成交量的配合，是一个短期买入信号。

（2）如果是往下跌破，且成交量较低，是一个短期沽出信号。

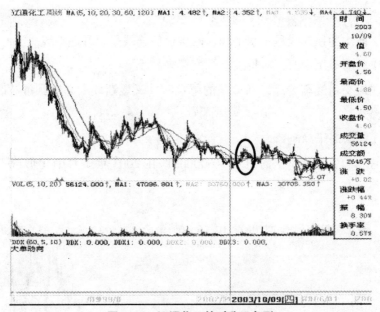

图4-16 辽通化工的对称三角形

由图 4-16 我们可以看出，辽通化工（000059）经过连续的反弹，自 2003 年 10 月上旬形成阶段性高点之后，开始震荡走低，并于 2003 年 10 月底止跌反弹。此后，股价一直在此区间内震荡整理，每次在股价反弹到一定的幅度之后，就在多头的犹豫和空头的主动出击下，股价开始回落，但是回落接近前期低点位置时，由于沽售投资者的惜售心理或对前景仍存有希望，股价又开始反弹，如此反复便形成了"对称三角形"走势。

3. 上升三角形

上升三角形是对称三角形的变形体，是整理形态中最强势的上升途中整理形态，从统计角度来看多数为向上突破。上升三角形反映了市场买方势力比卖方大，每次都在同一水平遇到抛售阻力，形成一条反映抛售阻力的水平阻力线，以及另一条反映需求情况的支撑线。

上升三角形的上边线表示一种压力，即在该边线上存在某种抛压。一般来说，某一水平的抛压经过一次冲击之后应该有所减弱，再次冲击时更进一步减弱，到第三次冲击时，实质性抛盘已经很少了，剩下的只是心理上的压力而已。这种现象的出现，说明市场上看淡后市的人并没有增加，反而看好后市的人越来越多。

上升三角形一般具有如下特征：

（1）两次冲顶连线呈一水平线，两次探底连线呈上升趋势线。

（2）整理至尾端时，股价波动幅度越来越小。

（3）成交量逐渐萎缩，在整理的尾端时才又逐渐放大并以巨量冲破顶与顶的连线。

（4）突破时干净利落。

如图 4-17 所示，上海机场（600009）在 2003 年 1 月中旬形成上升三角形。

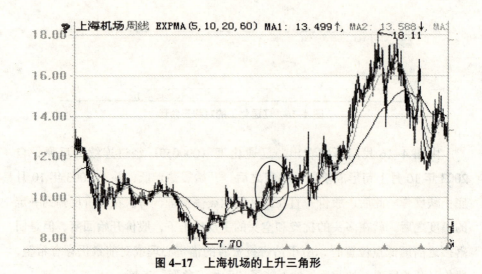

图 4-17　上海机场的上升三角形

★　注意　★

（1）如果在下降趋势末期时，出现上升三角形应以看涨为主，此时上升三角形易形成反转形态的底部。

（2）如果上升三角形失败，大盘会形成小箱体震荡。

4. 下降三角形

下降三角形与上升三角形一样属于对称三角形的变形，只是多空双方的能量与防线位置不同。

下降三角形属于弱势盘整，卖方显得较积极，抛出意愿强烈，不断将股价压低，从图形上造成压力颈线从左向右下方倾斜，买方只是将买单挂在一定的价格，造成在水平支撑线抵抗，从而在 K 线图中形成下降三角形形态。

下降三角形成交量呈递减状态，向下突破时不放量也可确认。当个股与大盘出现下降三角形形态走势时，投资者确立的最佳卖点是在股价突破下边支撑线时。如果投资者没有把握住第一个最佳卖出位置，在突破后回抽确认下边支撑线位置可作为第二个较佳卖出点。

冠豪高新（600433）在 2003 年 7 月份就构筑了一个典型的下降三角形，如图 4-18 所示。

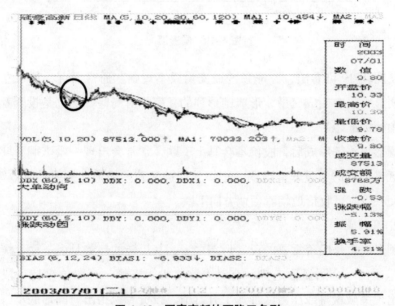

图 4-18 冠豪高新的下降三角形

七、圆形形态

圆形形态包括圆形顶、圆形底两种形态，该形态是极具威力的反转形态，投资分析人士及资深投资者均相当重视这种技术形态的分析。

1. 圆形顶

圆形顶形态是指股价呈弧形上升趋势。股价逐级攀升，但幅度不大，在到达最高点时，股价又开始逐级下跌，幅度也不是特别明显，只是比上一个点稍微低点，把这些高点顺次连接起来，就成了一条弧状走势图，如图 4-19 所示。

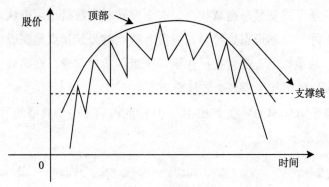

图 4-19 圆形顶

从图 4-19 可看出，圆形顶的成交量极不规则。通常而言，如果左侧成交量明显大于右侧成交量，形成圆形顶的几率相对高些。这也是投资者判断圆形顶的标准之一。

圆形顶头部形成后，股价不会马上下跌，常常会出现一段徘徊区域。但是这区域存在的力量非常脆弱，很快就会被突破。如果支撑线被有效突破，股价便一发不可收拾地朝着预期方向下跌。

2. 圆形底

圆形底也是股价重要的反转形态之一，其反转的趋势是由下而上缓慢攀升，呈现出一个圆弧形走势，有时也称之为锅底形，当股价维持一段缓升后，出现突破盘整或压力区加速上升行情。投资专家指出，圆形底不仅易于确认，而且是非常坚实、可靠的底部反转形态，如图 4-20 所示。

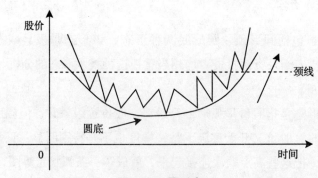

图 4-20 圆形底

在圆形底形态中，一旦其左半部完成后，股价便出现小幅爬升，成交量温和放大形成右半部圆形时，部分中线投资者应买进。这只是圆形底形态中第一个买进信号。

从图 4-20 我们可以看到圆形底形成过程中，成交量最多的分别在两头，而中间明显减少。越靠近底部，成交量就越少，当到达底部时，成交量是整个形态中最少的。

股票投资专家指出：圆形底形态大多数出现在一个由熊市转为牛市的长时间盘整期。所以，投资者一旦发现圆形底形态，就要做好买进准备。很多有经验的投资者往往会在该形态升势转急时大量购进回补。因为，一旦股价上涨且股价突破颈线位时，股价便会进入节节攀升的时段。投资者在此种形态下必将获利丰厚。投资者辨别圆形底时需要注意其具备的如下几个特征：

（1）底部股价波幅小，成交量极度萎缩。

（2）盘整到尾段时，成交量呈缓步递增，之后是巨量向上突破阻力线。

（3）圆形底打底的时间较长，几周、几个月甚至几年都有。

八、多重底

所谓的多重底是指股价的移动轨迹出现两个以上 W 形。多重底形态是一只股票持续下跌到某一水平位置后出现技术性反弹，但回升幅度不大，时间也不长，股价又再次下跌，当跌至前一次低点时却获得支持，再一次回升，这次回升时成交量要大于前次反弹时的成交量。

★　**注意**　★

（1）多重底形态中的各低点相隔周期较长，一般都在两个月以上。

（2）多重底的多个最低点并不一定在同一水平上，相差在 3% 以内都可以接受。

（3）股价突破颈线位时，必须以大成交量向上突破才有效。一旦有效突破，压力线将变成支撑线。

（4）多重底并非都是反转信号，有时也是整理形态。

据统计结果表明，长期震荡筑底的个股在发动行情前一般具备如下特征：

（1）股价运行到箱体顶部没有按照波浪的惯性很快再度回落，而是在顶部站稳，成交量也未出现萎缩。

（2）股价成功突破重要的阻力位置或压制均线。

（3）在突破位置的某一天的日 K 线上放出了筑底以来的天量。

（4）在稳定行情中，最后一个谷底两侧的成交量变化符合"右侧吞没"原则。

如格力电器自 2000 年初开始至 2001 年，经过长达一年多的时间，它的走势极其不规则，专家从广义的角度上将其归为多重底结构，如图 4-21 所示。

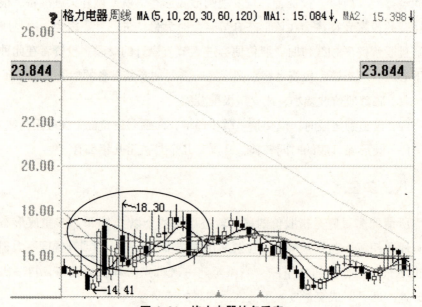

图 4-21　格力电器的多重底

九、潜伏顶底

潜伏顶底是一种相对单一的反转形态。它包括两个方向上的形态，即潜伏顶和潜伏底。

1. 潜伏顶

股价经过一段时间下跌后，在某个变动不大的区域内，每日股价出现小幅振动，并且成交量也不明显。随着时间的延长，形成近似一条水平的直线，之后突然向下突破，由此形成的形态即为潜伏顶，如图 4-22 所示。

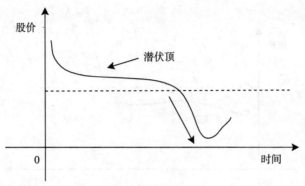

图 4-22　潜伏顶

由图 4-22 我们可以看出潜伏顶的未来方向是向下的。当股价和成交量在长时间沉寂后，就会出现一个放量趋势，一旦市场上出现不寻常的成交量，那么突破是势在必行的。

★　**注意**　★

（1）在潜伏顶形态下，投资者的出货时机则是抓住股价大跌，有突破趋势时，此时是投资者在此形态下卖出的最后时机。

（2）一般情况下，冷门股最容易出现潜伏顶形态。

（3）潜伏顶形态中，在潜伏顶位置的成交量非常少，而突破时的成交量急剧放大。

（4）投资者在实际操作中，如果遇到潜伏顶形态在走了一段横线向下突破，两边都出现下沉时，投资者可将此形态按照圆弧顶的技术来操作（圆形形态上面已做详尽阐述）。

2. 潜伏底

潜伏底与潜伏顶是相对的，即股价在相当长的一段时间内的跌涨幅度不明显，成交量的变化范围也非常小，在图表上看似一条横线，在得到某些因素的刺激后，会快速突破，股价大幅向上攀升，此时就形成了潜伏底形态，如图 4-23 所示。

众多股票投资专家针对潜伏底形态总结出这样一句话：横有多长，竖有多高。的确如此，股价在底部沉寂的时间愈久，上扬能量的积累就愈强。投资者如果在此阶段介入个股，必能获得厚利。

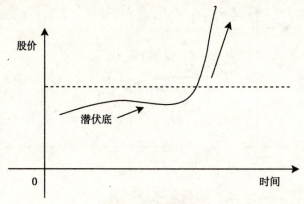

图4-23 潜伏底

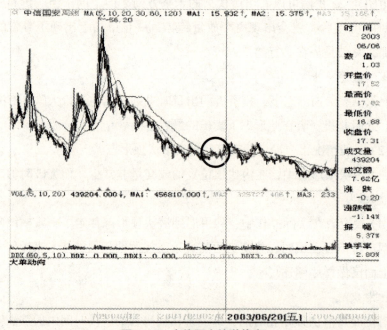

图4-24 中信国安的潜伏底

中信国安（000839）自2002年初至2003年6月份一直维持震荡筑底态势，底部经过多次震荡确认，已较为可靠。从图4-24的周K线上可以看到该股已经成功地完成了潜伏底的整理过程，在底部有明显的成交量放大迹象。这就形成了一个典型的潜伏底形态，该股对投资者来说是极具诱惑力的。

十、楔形

楔形是整理形态中常见的一种形态，在楔形形态内，股价介于两条收敛的直线中，在此整理期间股价会呈现小幅的上下波动。楔形收敛方向呈现一致性，即两条收敛直线同时向上或向下移动。按照走势的方向不同，楔形可分为上升楔形和下降楔形。

1. 上升楔形

上升楔形是发生在空头走势中的反弹波，为技术面转弱的表征，股价一路收窄，如图4-25所示。

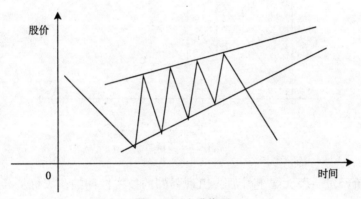

图4-25　上升楔形

由图4-25我们可以看出，上升楔形在上涨过程中并没有明显的障碍要突破，但是股价走势却被两条收敛线框住。很明显，在这个形态中空头的走势占据上风，买方挣脱力度无法有效突破上方趋势线。所以，在双方争执的过程中就形成了如图4-25所示的突围区间。还有一点，股价一旦跌破下方趋势线，就预示着空头趋势即将展开。

实质上，上升楔形是股价下跌过程中的一次反弹波，是多方遭到空方连续打击后的一次挣扎而已，最终结果是股价继续向下突破阻力线。

持筹投资者遇到上升楔形时，应采取如下方法：

（1）当股价反弹至高点时，应尽量卖出股票，减轻仓位压力。

（2）股价跌破下方阻力线时，应执行抛空操作。

以上两点主要是针对股价在上升楔形中只做反弹，而无力改变其下跌趋势的操作。而持币者在上升楔形中，首先要确信自己的判断，然后保持正确的投资理念。面对往复反弹时，不为所动，先持币观望，一旦股价突破下方阻力线位时，即可大量买进。

2. 下降楔形

下降楔形和上升楔形恰恰相反，通常在中、长期升市的回落调整阶段中出现，如图 4-26 所示。

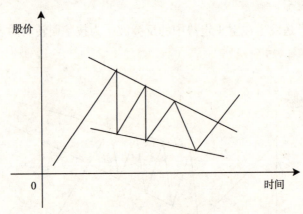

图 4-26　下降楔形

股价经过一段大幅上升后，出现强烈的技术性回抽，股价从高点回落，跌至某一低点又即刻掉头回升。但是，回升高点较前次低。此后的回落均创出新的低点，每次的回落都比上次回落低点要低。如图 4-26 所示，如果将所有短期高点和短期低点分别用线相连，形成两条同时向下倾斜的直线而组成一个下倾楔形，即为下降楔形形态。

股市中如果出现下降楔形，告诉我们升市尚未见顶，这仅是升后的正常调整现象。根据经验来看，形态大多是向上突破，当其上线阻力位被有效突破时，也就形成了一个最佳的买入信号。

下降楔形的突破存在两种情形：

（1）有回抽突破。股价突破阻力线位后，要经过回抽再上扬。

（2）无回抽突破。股价突破阻力线位后，直接向上攀升。

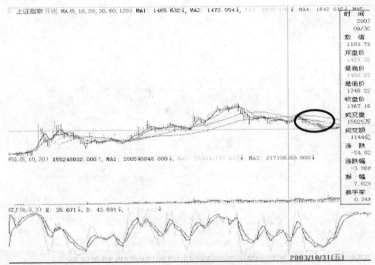

图 4-27　上证指数的下降楔形

从图 4-27 中我们可以看出，上证指数（000001）2003 年 11 月以来的走势基本在楔形的上下轨内波动并形成震荡向下的趋势。在该楔形内形成了 4 个反弹波段，且所形成的 4 个波段的反弹幅度不断收窄，说明近一年多以来的走势及反弹的力度越来越弱，同时每个波段的下跌幅度也逐步收敛，反映出多空双方的力量在下跌过程中逐步趋于均衡。

十一、矩形

矩形也称为箱形，是一种标准的横向盘整形态。根据股价的走势可分为上升趋势中的矩形形态（见图 4-28）和下降趋势中的矩形形态（见图 4-29）。

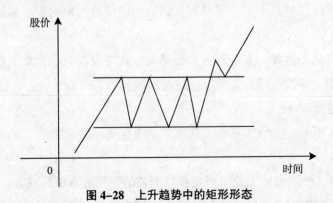

图 4-28　上升趋势中的矩形形态

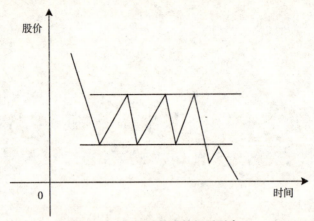

图 4-29　下降趋势中的矩形形态

　　股价在两条水平线之内波动，上升到某水平时遇阻回落，之后很快便获得支撑再次上升，但回升到上次同一水平时再次受阻，接着回落到上次低点时再得到支撑。把这些短期高点和低点连接起来，便形成了一条平行发展的通道，即为矩形形态。

　　矩形整理形态一般演绎的是实力相当的多空双方的争战，且多空双方都对未来走势充满信心。因为实力均衡，多空双方带动的股价波动在一定范围内呈均衡状态，无明显上涨或下跌趋势。所以，在这段期间谁都具有明显的优势。

　　在形态内，多空双方各自坚守阵地，各不相让，形成长时间的拉锯战。看好的一方认为其价位是很理想的买入点，于是股价每回落到该水平即买入，形成了一条水平的需求线。与此同时，看淡的投资者对股市信心不足，认为股价难以超越其水平，于是股价回升至该价位时便抛售，形成一条平行的供给线。

　　随着时间的推移，多空双方消耗增大，战斗力削弱。再加上投资者对后市判断不明，导致市场人气涣散，纷纷抛股离场。

　　★　注意　★

　　(1) 在矩形形成的过程中，其成交量应该是不断减少的，除非有突破性的消息扰乱。

　　(2) 高、低波幅较大的矩形比狭窄而长的矩形形态更具威力。

　　(3) 矩形呈现突破后，价格往往会在突破后的三天至三个星期内出现回抽，发生的概率约为40%。

（4）虽然矩形形态是整理形态，但也可能出现在升市的顶部或跌市的底部，因此，投资者一定要在形态明确地向其中一方突破后，再进行买卖交易。

对于矩形形态，在其形成的过程中，如出现交易量大时，形态可能失败。一般而言，在上升趋势中，突破上颈线位时需有大交易量配合；而在下降趋势中，跌破下颈线位则不需有大交易量出现。还有一点就是，在矩形整理形态中，汇率上升时交易量大，下降时交易量小，是持续上升形态；反之，则是持续下降的形态。

如图4-30所示，上海机场（600009）自1999年6月中旬以后构筑成矩形整理形态。

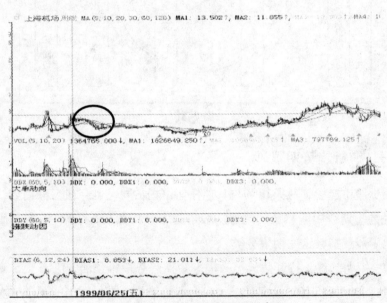

图4-30 上海机场的矩形形态

第二节　趋势分析实战

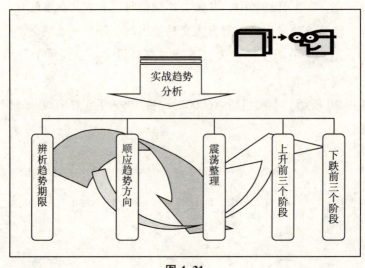

图 4-31

一、辨析趋势期限

根据股市经验，股票市场与其他任何市场雷同，也存在三种趋势，即我们常说的短期、中期和长期趋势。股市技术分析鼻祖查尔斯·道在其研究中就指出了股票指数这一期限分类。

（1）短期趋势，持续数天至数周。短期趋势最难预测，唯有交易者才会随时考虑它。投机者与投资者必须在短期趋势中，寻找适当的买进或卖出时机，以追求最大的获利，或尽可能减少损失。

（2）中期趋势，持续数周至数月。中期趋势对于投资者较为次要，但却是投机者的主要考虑因素。它与长期趋势的方向可能相同，也可能相反。如果中期趋势严重背离长期趋势，则被视为是次级的折返走势或修正。

次级折返走势，是指多头市场中重要的下跌走势或空头市场中重要的上涨走势。持续的时间通常是三个星期至数月。此期间内折返的幅度为前一次级折返走势结束之后主要走势幅度的 33%~66%。次级折返走势必须谨慎评估，不可将其误认为是长期趋势的改变。

（3）长期趋势，持续数月至数年。任何市场中，这三种趋势必然同时存在，彼此的方向可能相反。长期趋势最为重要，也是各类投资者下注的主要考量。比如，2007 年以来，尽管股市经历了 2 月 27 日、5 月 30 日、6 月 20 日等多次大跌，但许多投资者仍然看好中国股市，反而利用大跌时建仓，这是他们基于对中国股市长期趋势向好的判断。但长期趋势对于投机者较为次要。

长期趋势也最容易被辨认、归类与了解。中期与短期趋势都附属于长期趋势之中，投资者唯有明白自己在长期趋势中的位置，才可以充分利用，并从中获利。

在了解这三种趋势的基础上，投资者可以通过辨析长期趋势炒长线，也可以运用逆向的中期与短期趋势获利。具体的运用方式有以下几种：

（1）如果长期趋势向上，可在次级的折返走势中建仓；如果长期趋势向下，可在次级的折返走势中斩仓。

（2）由于已经知道是次级的折返走势，而不是长期趋势的改变，可以在有信心的情况下，渡过这段修正走势。

（3）也可以利用短期趋势决定买、卖的价位，提高投资的获利能力。

经过市场检验，这些运作方式既适用于投资者，也适用于投机者。分析人士指出，如果按照这些方式操作，投资者就可以顺着中期趋势的方向建立头寸，而不会在次级的折返走势中持有反向头寸。另外，投机者可以利用短期趋势的发展，观察中期趋势的变化征兆。尽管操作心态与投资者不同，但辨识趋势变化的基本原则是一致的。

对于中国的股票市场，相信很多老股民都记得从 2001 年 6 月 24 日至 2005 年 6 月 5 日大盘从 2245 点跌至 998 点的四年漫长熊市；还有从 998 点开始起步攀升到 2007 年 6000 多点以来的牛市，都属于长期趋势，如图 4-32 所示的 2007 年上证指数。

长期趋势代表整体的基本走势，通常称为多头或空头市场，持续时间可能在一年以内，也可能长达数年之久。正确判断主要走势的方向，是投机行为成功与否的最重要因素，没有任何已知的方法可以预测主要走势的持续期限。

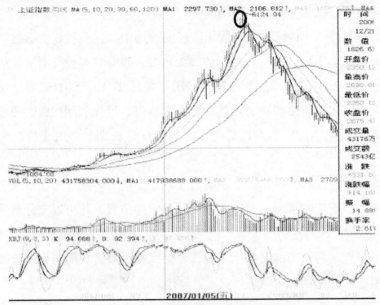

图 4-32　上证指数的长期趋势

了解长期趋势（主要趋势）是成功投机或投资的最起码条件。一位投机者如果对长期趋势有信心，只要在进场时机上有适当的判断，便可以赚取丰厚的利润。有关主要趋势的幅度大小与期限长度，虽然没有明确的预测法，但可以利用历史上的价格走势资料，以统计方法归纳主要趋势与次级的折返走势。

二、顺应趋势方向

顺势而为是股市操盘中最基本的手法。该手法是指顺着趋势的方向做交易，即趋势上涨时做多，趋势下跌时做空。

股市中为什么有人亏钱？为什么有人会越套越深？为什么有人买了就跌，卖了就涨？要避免这种状况就必须对趋势方向做出明确的判断。一般趋势存在三种方向，即上升趋势、下跌趋势和无趋势，如图 4-33、图 4-34、图 4-35 所示。

如图 4-33 所示的贵州茅台（600519）自 2003 年 10 月以后，直至 2005 年 3 月这段时期的走势即属于上升趋势。

在股市中，下跌趋势的例子也非常多，如三友化工（000698）自 2004

年 4 月至 2005 年 3 月这段期间的走势就属于下跌趋势，如图 4-34 所示。

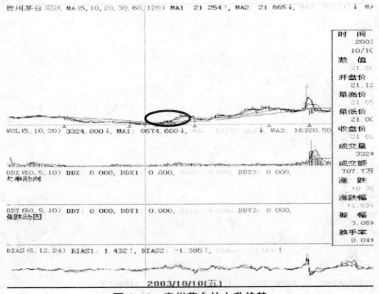

图 4-33 贵州茅台的上升趋势

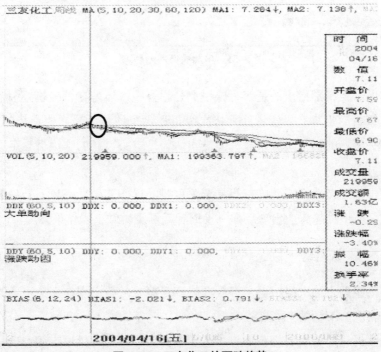

图 4-34 三友化工的下跌趋势

无趋势通常被投资者视为"食之无味，弃之可惜"的"鸡肋"行情，而分析人士则指出，该趋势实际上是一个缓慢上升行情的前奏。如图 4-35 所示，申能股份（000642）自 2004 年 11 月份开始便进入了无趋势行情中。

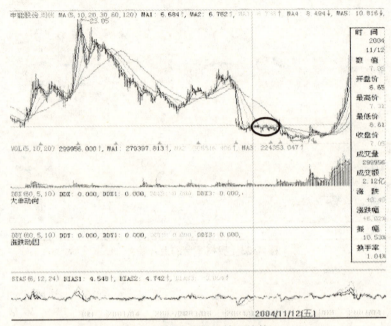

图 4-35　申能股份的无趋势

这里需要特别指出的是，无论在上升趋势中，还是在下降趋势中，都会出现次级折返走势。投资者经常将次级折返走势误认为是主要走势的改变。例如多头市场的初期走势，有可能被误认为是空头市场的次级折返走势，导致操作失误。

对于投资者来说，明确走势是至关重要的操作基础。一旦上升趋势中出现回调，或下跌趋势中出现反弹，投资者就可及时做出操作策略。

三、震荡整理

震荡整理也称次级折返走势或者修正走势，一般出现在多头市场的下跌走势或者空头市场的上涨走势中。

次级折返走势或者修正走势是逆于主要趋势的重大折返走势，也是一种重要的中期走势。判断中期走势是否为修正走势时，投资者需要观察成交量、市场参与者的普遍态度、各个企业的财务状况、市场整体状况、证监会的政策以及许多其他因素。任何一项因素判断失误，投资者的财产都将遭受严重的损失。

在股市中，判断逆于主要趋势的重要中期走势，并不是一件简单的事情。但是投资者可以根据其一些特征做出一个初步判断。

（1）相对于主要趋势而言，次级折返走势有一项明显的特色，即价格的变动速度呈现暴涨暴跌之势。

（2）从距离上讲，大多数次级修正走势的折返幅度介于前一个主要走势波段的 1/3~2/3，即介于两个次级折返走势之间的主要走势。

（3）从时间上讲，次级修正走势持续的时间通常在三个星期至三个月。

（4）据历史资料显示，所有的修正走势中有 61% 的折返幅度约为前一个主要走势波段的 30%~70%，65% 的折返期间介于三个星期至三个月，98% 的折返期间介于两个星期至八个月。

这里所谓的"重要的次级折返走势"一般是指价格变化幅度超过前一个主要走势波段的 1/3，且价格走势的变更是源于经济基本面的变化，并非技术面的调整。

投资者在明确这一点的基础上，不管是遇到上升趋势，还是下跌趋势中的震荡整理，都可以利用这个"重要的次级折返走势"建仓或者出货。投资专家将其称为震荡整理行情中的交易法宝。

2007 年，上证指数（000001）在跃过 5000 点后，又冲破 6000 点。那么，自 2007 年 4 月 30 日后的几个月就属于我们所说的重要次级折返走势，如图 4-36 所示。

四、上升前三个阶段

一般来讲，上升趋势主要是多头市场，而多头市场往往呈现出一种整体性的上涨趋势。股票分析者指出，出现上升趋势的原因主要是由于经济情况好转以及投机活动转盛，带动了投资性与投机性的双重需求的增加，从而共同推高了股价。

根据经验，上升趋势一般包含三个阶段：

（1）第一阶段，指投资者对股市未来前景非常看好。

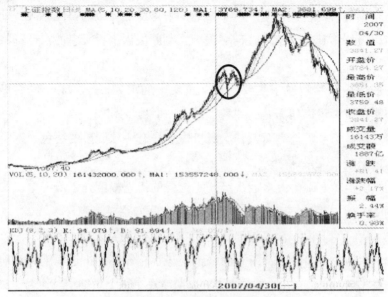

图 4-36 上证指数的震荡整理

（2）第二阶段，是指股票对于已知的公司盈余改善产生反应。

（3）第三阶段，在投资者期待与期望的基础上，股价出现明显的膨胀之势。

投资者要想精确地判断上升前的三个阶段，必须对多头市场的特征有所了解：

（1）多头市场的特色是所有主要指数都持续联袂走高，拉回走势不会跌破前一个次级折返走势的低点，随后继续上涨创新高价。

（2）在次级的折返走势中，指数不会同时跌破先前的重要低点。

（3）多头市场的价格涨幅平均为77%左右。其中，跌幅的起点由前一个空头市场的低点起算。

（4）主要多头市场的期间长度平均数为2.33年。据历史资料显示，所有的多头市场中，75%的期间长度超过1.8年，67%介于1.8~4.1年。

（5）多头市场的确认是指两种指数都向上突破空头市场前一个修正走势的高点，并持续向上攀升的日期。

（6）多头市场中的次级折返走势，跌势通常较先前与随后的涨势剧烈。

投资者需要注意，在多头市场开始，以及空头市场最后一波的次级折返走势中，两者之间几乎无法区别，只有等待时间确认。但是，有一点可以帮助我们提高研判的准确性，那就是折返走势开始时成交量通常较大，而低点的成交量相对偏低。

五、下跌前三个阶段

下跌趋势主要是空头市场，因为空头市场是长期向下的走势，而在大的下跌趋势中包含着重要的反弹。根据投资专家的分析，下跌趋势与上升趋势一样也包含了三个阶段：

（1）第一阶段，市场参与者已不再对股票价格能否持续过度膨胀抱有期望。

（2）第二阶段，市场卖压正好反映了经济状况与企业盈余的衰退。

（3）第三阶段，从投资者的心理上讲，投资者有来自于股票的失望性卖压。

下跌趋势主要是源自于各种不利的经济因素，只有股票价格能够充分反映因这些不利因素造成的最糟糕情况出现后，这种走势才会得到反转。投资者要了解什么是"不利因素"。所谓的不利因素是指政府行为的结果，诸如干预性的立法、苛刻的贸易政策及财务政策等。

根据长期的市场经验，笔者总结出了一些下跌趋势的特征：

（1）空头市场的重要特征就是次级的修正走势。

（2）空头市场跌幅的平均数在29%左右。其中，跌幅的起点是从前一个多头市场的高点算起。

（3）空头市场的中期反弹，通常都呈现倒置的"V"形，其中低价的成交量偏高，而高价的成交量偏低。

（4）空头市场的确认日是指两种市场指数都向下突破多头市场的最近一个修正低点的日期。投资者需要注意，两种指数突破的时间并非一致的，这属于正常的现象。

（5）空头市场持续期限的平均数是1.1年，其中75%的期间介于0.8~2.8年。

（6）空头市场开始时，随后通常会以偏低的成交量"试探"前一个多头市场的高点，接着出现大量急跌的走势。所谓"试探"是指价格接近而绝对不会穿越前一个高点。"试探"期间，成交量偏低显示信心减退，很容易演变为"不再期待股票可以维持过度膨胀的价格"。

经过一段相当程度的下跌之后，会突然出现急速上涨的次级折返走势，接着便形成小幅盘整而成交量缩小的走势，但最后仍将下滑至新的低点。

空头行情末期，市场对于进一步的利空消息与悲观论调已经产生了免疫力。然而，在严重挫折之后，股价也似乎丧失了反弹的能力，种种征兆都显示，市场已经达到均衡的状态，投机活动不活跃，卖出行为也不会再压低股价，但买盘的力道显然不足以推升价格……市场笼罩在悲观的气氛中，股息被取消，某些大型企业通常会出现财务困难。基于上述原因，股价会呈现窄幅盘整的走势。一旦这种窄幅走势明确向上突破，市场指数将出现一波比一波高的上升走势，其中夹杂的跌势都未跌破前一波跌势的低点。这个时候，明确显示应该建立多头的投机性。

本章小结

趋势是股市最稳妥的分析方法

《三国演义》中有这样一句话："天下大势，合久必分，分久必合。"这说的是历史潮流，在偶然中包含着必然。孙中山先生也说过："天下大势，浩浩荡荡，顺之者昌，逆之者亡。"势者，必然也，不可逆也。在逐鹿中原的王朝争霸中，得势者得天下；在股票市场，"菜鸟"看股价，高手看股势。

国际著名投资家江恩说过：顺应趋势，花全部的时间研究市场的正确趋势，如果保持一致，利润就会滚滚而来。在股票市场，盘口的趋势一直是投资者的主要研究对象，把握住了盘口的走势，就如同洞察了股市这条"金船"的航向，投资者去"登船采金"就如探囊取物般轻而易举了。

能帮助投资者分析股市的方法有很多，但最稳妥的分析方法就是趋势分析。趋势的走向不是个人行为所能左右的，它直接受宏观经济、政策等影响。

居住在长江中下游的居民都知道，每年的五、六月份是梅雨季节，连绵不断的阴雨天气将持续一个多月。这就是天气的趋势，虽然在梅雨期也会有晴天，但是绝大多数时候天空总是细雨纷纷。股市的趋势跟天气一样，当整体趋势看好时，虽然也有下跌的情形，但是总体是上涨的；当整体趋势下跌时，那么上涨的情形将会变得比较稀少。趋势跟天气一样也在不断转换，它也有期限。股市中有这样的观点："没有股价能总是保持在很高的价位，它肯定会下跌，只是没人能知道它下跌的时间。"趋势也一样，没有永远上涨的趋势，物极必反，上涨后必然是迅猛下跌。有些股民频繁地进行股票交易，盲目地追高杀低，累死累活但就是赚不到钱，白白浪费大量印花税。反观那些能把握住股市趋势的投资者，他们的投资很有节奏。

但凡资深投资者，没有一个不是努力研究趋势分析法的。在瞬息万变的股市，趋势分析能帮助他们拿捏准股市的脉搏。若能把趋势分析法和其他技术分析相结合，那么投资者在股市中将无往不利。

方法链接

最伟大投资家威廉·江恩的投资之道

"我们使用数字的单数及双数的平方，不单用以证明市场的活动，更借此揭示市场波动的原因。"著名的江恩理论创始人威廉·江恩曾这样说过。他是20世纪最伟大的投资家之一，他一生总共从市场盈利3.5亿美元，交易次数的成功率在80%以上。著有《华尔街四十五年》、《股票行情的真谛》、《华尔街股票选择器》等书。在投资人眼中，他确是一个近乎于"神"的顶级人物。

1878年6月6日，威廉·江恩生于美国得州路芙根市，父母是爱尔兰裔移民，他在浓厚的基督教循道会背景下长大。少年时代的江恩卖过报纸，送过电报，贩卖过明信片、食品、小饰物等。正是由于少年时代的经历，1902年，24岁的江恩第一次入市买卖棉花期货，略尝甜头。1906年，江恩满怀信心地来到俄克拉荷马，成为一名经纪人，为自己炒卖的同时，兼管客户。1908年，30岁的江恩成立了自己的经纪公司。同年，他发展的市场趋势预测方法"控制时间因素"经过多次准确预测后，使他声名大噪。

提到江恩，许多人会想到 1909 年 10 月美国的 "The Ticketr and Investment Digest" 杂志编辑 Richard Wyckoff 做的一次实地访问。在杂志人员的监察下，江恩在 10 月份的 25 个市场交易日中共进行 286 次买卖，结果 264 次获利，22 次损失，获利率竟达 92.3%。

江恩能够取得如此令人瞩目的成绩，他是怎么做到的呢? 很多人对他的投资之道备感兴趣，我们总结出江恩的投资之道的 15 点供投资者参考:

1. 了解市场知识

投资者要对市场有充分的了解，把学到的知识加以应用，学会辨别消息的真伪。通过应用学到的知识，在合适的时机获利。

2. 学会判断市场走势

市场走势有一定的规律性，投资者经过详细研究大盘及个别股票的过往记录，将可预测未来市场走势。

3. 有耐心

投资者要耐心等待合适的时机，不要因为不耐烦而入市或平仓，要确定市场走势后再介入。

4. 利用市场的动量界定市势

若市场是快速的话，则市价平均每天上升或下跌一点;若市场平均每天上升或下跌两点，则市场已超出正常的速度，市势不会维持过久。

5. 设立止损位

投资者入市后要时刻设立止损位，在实际操作中设立的止损位不要随便撤销，坚决执行，这样可减少买卖出错所造成的损失。

6. 不要过度交易和买卖

"留得青山在，不怕没柴烧。"每次交易和买卖时使用适量的资金，获利后及时休息。不要频繁地交易和买卖，以保证下次有可使用的资金。

7. 不把投机当作赌博

不要想着几个月内或是一年内就能发家致富，不把投机当作是一种疯狂的赌博。在股市中靠撞大运一夜暴富的人，往往难以留住到手的财富。

8. 顺应市场趋势

投资之道乃顺势而为，不要逆市操作。如果无法确定市场趋势，宁可在场外观望。分红、股价的高低、摊平成本等都不是入市的好理由。

9. 观察市场的成交量

投资者要经常观察、研究市场每月及每周的成交量，因为成交量可决定趋势的转变。当市场接近顶部的时候，成交量经常大增；当市场接近底部时，成交量逐渐缩减，这时有望出现市价反弹。

10. 注意回调价位

投资者注意几个回调价位：价格明显地在50%回调价位反转；如果价格穿过50%回调价位，下一个回调将出现在63%价位；如果价格穿过63%回调价位，下一个回调将出现在75%价位；如果价格穿过75%回调价位，下一个回调将出现在100%价位；支持位和阻力位也可能出现在50%、63%、75%和100%回调重复出现的价位水准上；有时价格的上升或下降可能会突破100%回调价位。

11. 遵守买卖原则

在单底、双底或三底水平入市买入；根据市场波动的百分比买卖；根据三星期上升或下跌买卖；利用5或7点波动买卖；只在活跃的市场买卖。买卖清淡时不宜操作。赔多赚少的买卖不要做。

12. 提取部分利润

在市场获利后，投资者可提取部分利润，以备不时之需。

13. 精心制订一份计划

开始交易之前，一定要精心制订一份计划，然后按照计划去执行。如果不能遵循规则，就不要开始投机或投资。

14. 不要因小失大

投资者不要抱着赚取3%~5%的收益的想法投资股市，因为这样很容易导致较大的亏损。

15. 选股有秘诀

当买进机会出现时，投资者可以这样选股：指数继续下跌时，带领股价上涨的领导股最有可能是那些不随着指数再创新低的股票。

第五章 奏响均线的生命之歌

均线实际上是移动平均线的简称。投资者只有掌握一些均线的看盘技巧，才能对大势进行准确的分析，从股市中获取利润。

第一节 单一均线看盘技巧

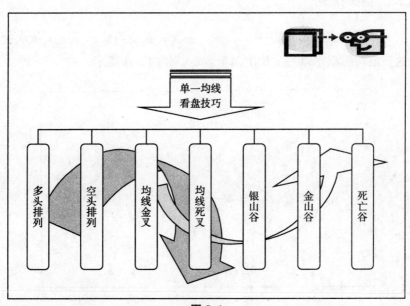

图 5-1

一、多头排列

多头排列指在股市上涨中，短期、中期、长期均线从上至下依次排列，而且这三根均线都正向上方运动，如图 5-2 所示。

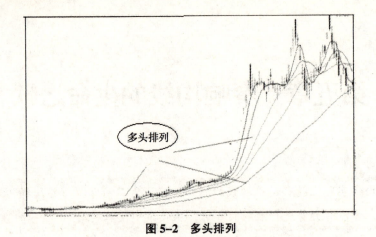

图5-2 多头排列

多头排列的出现表明股市继续看涨，是做多信号。在多头排列初期和中期，投资者可积极做多；在其后期，投资者应谨慎做多。

二、空头排列

空头排列指在股市下跌中，短期、中期、长期均线从下至上依次排列，而且这三根均线都正以一定角度向下运动，如图5-3所示。

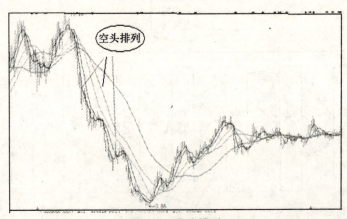

图5-3 空头排列

空头排列的出现表明股市继续看跌，是做空信号。在空头排列初期，投资者应以观望为主；在其后期，投资者应谨慎做空。

三、均线金叉

均线金叉指短期均线向上穿越长期均线，呈多头排列形成的交叉，如图 5-4 所示。

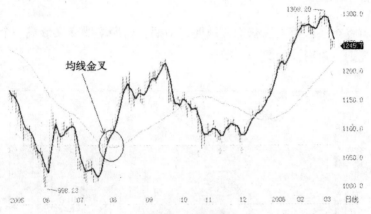

图 5-4 均线金叉

均线金叉的出现表明后市看涨，是买入信号，投资者可积极做多。其中，长期均线的"黄金交叉"的买进信号比短期均线的黄金交叉强。股市处于整理中出现的均线金叉不可靠。

四、均线死叉

均线死叉指短期均线向下跌破长期均线，呈空头排列形成的交叉，如图 5-5 所示。

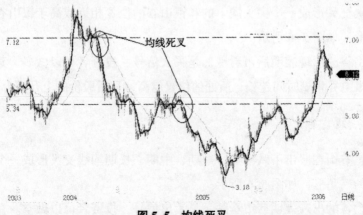

图 5-5 均线死叉

均线死叉的出现表明后市看跌，是卖出信号，投资者可做空。其中，时间越长的均线形成的死亡交叉意义也越强。股市处于整理中出现均线死叉不可靠。

五、银山谷

银山谷指在股市上涨初期，短期、中期、长期均线交叉形成一个尖头向上的不规则三角形，如图5-6所示。

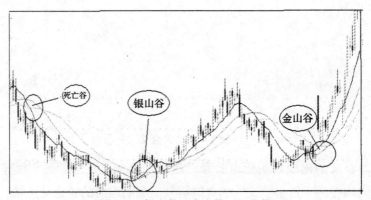

图5-6 银山谷、金山谷、死亡谷

银山谷的出现表明后市看涨，是一个典型的买进信号，投资者可以做多。

六、金山谷

金山谷指在股市上涨初期，短期、中期、长期均线交叉形成银山谷以后，再次交叉形成一个尖头向上的和银山谷的位置相近或高于银山谷的不规则三角形，如图5-6所示。

金山谷的出现表明后市看涨，是买入信号，投资者可以做多。其中，金山谷和银山谷相隔时间越长，所处的位置越高，日后股价的上升潜力就越大。

七、死亡谷

死亡谷指在股市下跌初期，短期、中期、长期均线交叉形成一个和银山谷相同的三角形，如图5-6所示。

死亡谷的出现表明后市看跌，是卖出信号，投资者可以做空。在股价大幅上扬时出现该图形，投资者更要及时止损离场。

第二节　组合均线看盘技巧

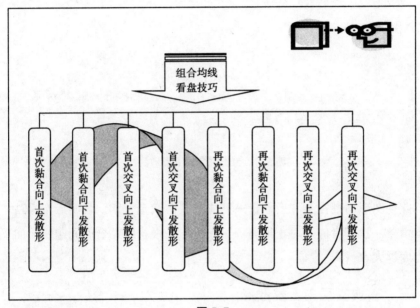

图 5-7

一、首次黏合向上发散形

首次黏合向上发散形指短期、中期、长期均线首次相互交织黏合在一起，随后呈向上发散状，并伴有成交量的放大，如图 5-8 所示。

图 5-8　首次黏合向上发散形

此种图形出现在下跌后横盘末期或上涨后横盘末期，表明后市看涨，为买进信号。其中，三根均线黏合时间越长，向上发散的力度越大。

二、首次黏合向下发散形

首次黏合向下发散形指短期、中期、长期均线首次相互交织黏合在一起，随后呈向下发散状，并伴有成交量的放大，如图 5-9 所示。

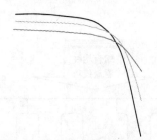

图 5-9　首次黏合向下发散形

此种图形出现在上涨后横盘末期或下跌后横盘末期，表明后市看跌，为卖出信号。投资者应及时止损离场。其中，三根均线黏合时间越长，向下发散力度越大。

三、首次交叉向上发散形

首次交叉向上发散形指股市在下跌后期，短期、中期、长期均线首次由上而下逐渐收敛又向上发散，并伴有成交量的放大，如图 5-10 所示。

图 5-10　首次交叉向上发散形

此种图形的出现表明后市看涨，为买进信号。其中，三根均线向上发散的角度越大，后市上涨的潜力就越大。

四、首次交叉向下发散形

首次交叉向下发散形指股市在上涨后期，短期、中期、长期均线由下而上逐渐收敛又向下发散，如图 5-11 所示。

图 5-11　首次交叉向下发散形

此种图形的出现表明后市看跌，为卖出信号。投资者应及时做空退出。其中，三根均线形成交叉向下发散，股价跌幅较大。

五、再次黏合向上发散形

再次黏合向上发散形是指股市在上涨中，短期、中期、长期均线首次黏合向上发散后再度黏合到一起，随后再次呈向上发散状，如图 5-12 所示。

图 5-12　再次黏合向上发散形

此种图形的出现表明后市继续看涨，为买进信号。其中，三根均线黏合时间越长，续涨的潜力就越大。"再次"一般是第二次，少数是第三、四次，它们的特征和技术含义相同。但发散力度不如第二次，投资者买进需谨慎。

六、再次黏合向下发散形

再次黏合向下发散形指股市在下跌中，短期、中期、长期均线首次黏合向下发散后再度黏合到一起，随后再次呈向下发散状，如图5-13所示。

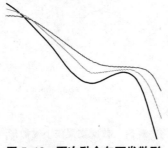

图5-13 再次黏合向下发散形

此种图形的出现表明后市继续看跌，为卖出信号。投资者应适度做空，以防空头陷阱。其中的"再次"与"再次黏合向上发散形"相同，一般指第二次，少数为第三、四次。它们的特征和技术含义相同。

七、再次交叉向上发散形

再次交叉向上发散形指股市在上涨中，短期、中期、长期均线首次收敛向上发散后，又出现再次收敛向上发散，如图5-14所示。

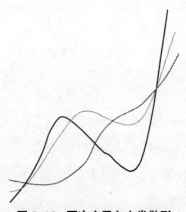

图5-14 再次交叉向上发散形

此种图形的出现表明后市继续看涨，为买进信号。投资者可在第一时间买进。其中，三根均线离上一次向上发散时间越长，继续上涨的潜力就越大。

八、再次交叉向下发散形

再次交叉向下发散形指股市在下跌中，短期、中期、长期均线首次收敛向下发散后，又出现再次收敛向下发散，如图 5-15 所示。

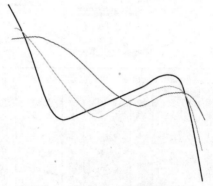

图 5-15　再次交叉向下发散形

此种图形的出现表明后市继续看跌，为卖出信号。投资者可适度做空。一般来说，首次向下发散时卖出成功概率最高，越到后面成功概率越低。

第三节　移动平均线实战技巧

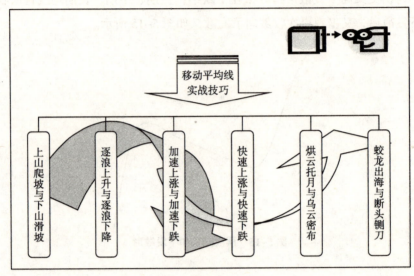

图 5–16

一、上山爬坡与下山滑坡

1. 上山爬坡

所谓上山爬坡是指短期、中期均线（日 K 线图中的 5 日和 10 日均线）在长期均线（日 K 线图中的 30 日均线）的支持下，沿着一定坡度向上移动而形成的形态，如图 5–17 所示。

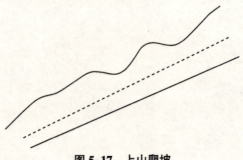

图 5–17　上山爬坡

由图 5-17 我们可以看出，在上山爬坡形的走势中股价走势呈现平稳之态。一般来说，具有这种走势的个股上升潜力很大。长期移动平均线在下方有力的托着股价上涨，多方积蓄了较大的能量，后市的上涨空间比较大，投资者可放心持有股票。当股价涨幅过高，短期平均线和中期平均线出现明显弯头的时候，就要引起投资者的注意，需看准时机离场观望。

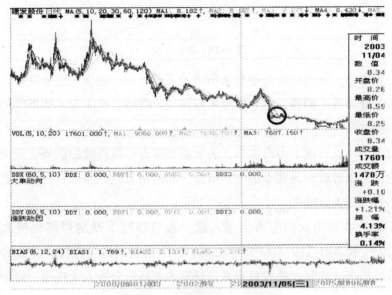

图 5-18　建发股份的上山爬坡

图 5-18 是建发股份（600153）在 2003 年 11 月 5 日至 2004 年 2 月上旬形成的上山爬坡形态。从图中可以看出，该股的上涨角度很小，适宜投资者做多，即持币投资者适宜买进，而持股投资者宜持股待涨。

★　**注意**　★

（1）上山爬坡形一般出现在涨势中，是做多信号，表明后市看涨。

（2）形态的坡度越小，上升势头越有后劲。

（3）股价未出现过度上涨时，适宜积极做多。

2. 下山滑坡

下山滑坡是指短期、中期均线（日 K 线图中的 5 日和 10 日均线）在长期均线（日 K 线图中的 30 日均线）的压制下呈一路下滑的态势，如图 5-19 所示。

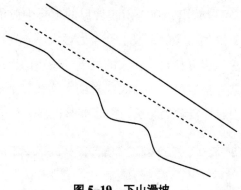

图 5-19　下山滑坡

在股市中，下山滑坡是最具杀伤力的图形之一。每天的股价跌幅，甚至每周股价跌幅并不明显，但它持续不断地向下滑行，使人看不到下跌的尽头在什么地方。

股市中一旦出现下山滑坡形，表明股价将有一段持续的跌势。资深投资者认为，下山滑坡形是典型的做空信号，即后市看跌。所以，投资者遇到这种形态时，要谨慎操作。

下山滑坡表明此时空方力量占优，股价继续下跌的可能性极大。如图 5-20 所示泰山石油（000554）2008 年 10 月份的股价走势，该走势即为下山滑坡形态。此时，持股投资者最好割肉离场。分析人士指出，观望者千

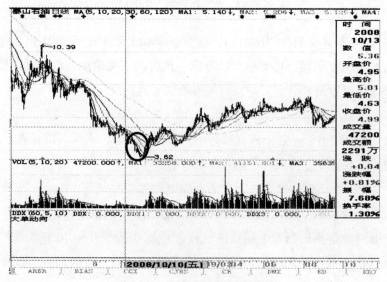

图 5-20　泰山石油的下山滑坡

万不要轻易妄测底部，只要整个形态没有发生改变，就应耐心等待转机。

二、逐浪上升与逐浪下降

1. 逐浪上升

逐浪上升是指短期和中期均线（日K线图中的5日和10日均线）沿着长期均线（日K线图中的30日均线）呈波浪式向上攀升而形成的形态，如图5-21所示。

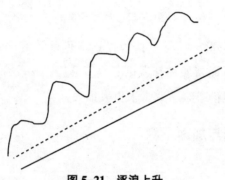

图5-21 逐浪上升

股市中如果出现逐浪上升形态，说明股价整体呈上升趋势。一般来说，均线逐浪上升形态一旦形成，股价大多会有一个较大的上涨空间，投资者耐心持股，收益比频繁交易要好得多。

通常情况下，逐浪上升属于买进信号，投资者遇见此形态时，应持做多思想。如果股价下穿长期均线时，只要成交量没有放出，不必急于卖出，可继续观察。一旦发觉日后几天股价仍不能回到长期均线之上，应立即抛空离场。

2. 逐浪下降

逐浪下降是指短期和中期均线（日K线图中的5日和10日均线）在长期均线（日K线图中的30日均线）压制下呈波浪式下滑形态，如图5-22所示。

一般说来，股市中如果出现逐浪下降形态，表明股价下跌空间很大。投资者只要不在逐浪下降形态的末端抛出，止跌回升时都可在更低价位将筹码捡回来。

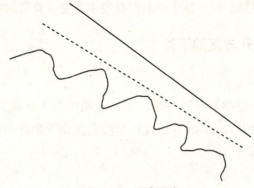

图 5-22　逐浪下降

逐浪下降形态为卖出信号。持币投资者见此均线形态，应保持空头思想，不宜买入股票。而持股被套者也要看清形势，趁反弹时逢高出局，或者及时止损，以避免股价继续下跌带来更大损失。

三、加速上涨与加速下跌

1. 加速上涨

加速上涨是指短期均线（日 K 线图中的 5 日均线）先缓慢上升，之后突然加速上升，且上升速度越来越快而形成的形态，如图 5-23 所示。

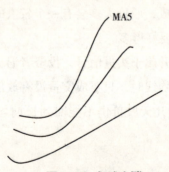

MA5

图 5-23　加速上涨

加速上涨形态是一种转势信号，该形态会引发股价急促掉头下行。投资者遇到此种形态时应保持警觉，即持币投资者勿盲目跟进。而持股投资者要密切注意均线加速上涨时是否有 K 线见顶信号。专家指出，投资者要特别留意 5 日均线是不是向下弯头，一旦 5 日均线向下弯头，尤其是下穿 10 日均线后，应马上止损离场。

2. 加速下跌

加速下跌是指短期均线（日 K 线图中的 5 日均线）先呈缓慢下降之态，后突然加速下跌，且下跌速度越来越快而形成的形态，如图 5-24 所示。

MA5

图 5-24　加速下跌

在股市中，投资者如果遇到均线加速下跌形态，操作时就需要谨慎，应持有做多思想，即持股投资者不应盲目抛售股票。持币投资者可适量买进一些筹码。

一般来说，加速下跌形态是一种止跌信号，大盘或个股的下跌能量得到较充分的释放，从而出现止跌现象。

投资者需要注意一点，加速下跌后的止跌现象并不能说明大盘或个股已经跌到了底部。根据市场经验，该形态止跌后会出现两种情况：

（1）真正的筑底回升。

（2）盘整时期，随后继续下跌。

四、快速上涨与快速下跌

1. 快速上涨

快速上涨是指短期均线（日 K 线图中的 5 日均线）由盘整状态突然发力快速向上，且形成坡度很陡的一种形态，如图 5-25 所示。

根据市场经验，无论是大盘还是个股均线出现快速上涨，短期见顶或中期见顶的概率较大。

在股市中，快速上涨形态被视为转势信号，且以下跌走势居多。所以，投资者如果遇到该形态一定要提高警惕。对于不同的投资者来说，应采取适合的操作方式：

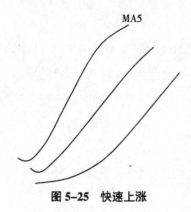

图 5-25　快速上涨

（1）持股投资者应在其急拉时进行减仓操作。如果在该形态中发现 5 日均线出现弯头现象，投资者应及时离场观望。

（2）持币投资者应经受住股价连续拉升的诱惑，切忌在高位盲目追涨。

2. 快速下跌

快速下跌是指短期均线（日 K 线图中的 5 日均线）由上升或盘整状态突然快速向下，且形成坡度极陡的一种形态。如图 5-26 所示。

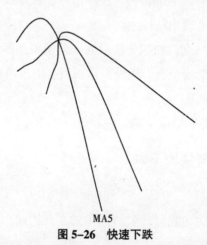

图 5-26　快速下跌

快速下跌形态是看跌信号，表明日后走势以继续下跌为主。一般说来，无论大盘还是个股均线，一旦出现快速下跌形态，意味着前期已积累了相当大的下跌能量，短期趋势转弱或中期趋势转弱势在必行。

投资者在遇到快速下跌形态时，可在快速下跌的头两天及时做空。如果股价连续大跌，投资者是很难出局的，需要等到反弹后执行停损快速离场。

五、烘云托月与乌云密布

1. 烘云托月

烘云托月是指股价沿着短期均线和中期均线（日 K 线图中的 5 日均线和 10 日均线）略向上移动，长期均线（日 K 线图中主要指 30 日均线）在下方与它们始终保持相当的距离而形成的图形形态，如图 5-27 所示。

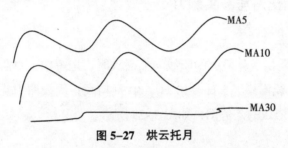

图 5-27　烘云托月

依据市场经验，烘云托月形态维持的时间越长，表明日后股价上涨的空间越大。所以，投资者一旦在股市中见到烘云托月图形时，可作好做多的准备。

（1）持股投资者应继续持股。

（2）持币投资者可在均线系统向上发散时买进。

如果从技术上，股市中出现烘云托月形态，表明多方蓄势待发，是买进信号。

2. 乌云密布

乌云密布是指股价沿着短期均线和中期均线（日 K 线图中的 5 日均线和 10 日均线）略向下移动，长期均线（日 K 线图中主要指 30 日均线）始终压制着股价而形成的一种图形形态，如图 5-28 所示。

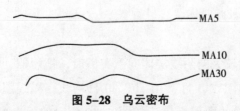

图 5-28　乌云密布

股市中一旦出现乌云密布形态，表明股价走势很弱，是个典型的卖出信号。所以，投资者遇到该形态时，一定要谨慎操作。

（1）持股投资者应及早出局。

（2）持币投资者千万不要因股价便宜而轻易买进，以免遭长期套牢之苦。

投资者要注意的一点是，如果乌云密布形态出现在周K线和月K线上，表明日后股价下跌空间更大。

六、蛟龙出海与断头铡刀

1. 蛟龙出海

蛟龙出海是指实体较大的阳线向上突破时，把短期、中期、长期均线全部吞没（日K线图中，5日、10日、30日均线；周线图中是5周、10周、30周均线）而形成的走势图，如图5-29所示。

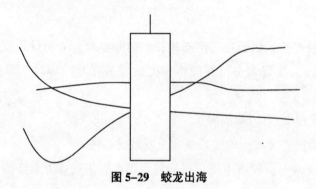

图5-29　蛟龙出海

股市中的蛟龙出海形态是一个典型的上升信号，如果伴随成交量放大，说明前期主力已经吸足筹码，股价向上拉抬即将开始。此时，不同状态下的投资者应采取适宜的操作策略：

（1）持币投资者应果断买进一些筹码跟庄做多。如果日后股价重心继续向上移动，可再加码追进。

（2）持筹投资者此时切忌盲目看空。

2. 断头铡刀

断头铡刀是指较大的阴线实体向下突破时，把短期、中期、长期均线全部吞吃（日K线图中，5日、10日、30日均线；周线图中是5周、10周、30周均线）而形成的图形走势。如图5-30所示的民生投资（000416），在2007年12月至2008年3月出现了断头铡刀的走势。

图 5-30　民生投资的断头铡刀

从技术形态上来说，断头铡刀形态是典型的做空信号。分析人士指出，大盘或个股在上升或盘整期间，只要出现断头铡刀，继续下跌的可能性就很大。

断头铡刀形态会给多方造成很大的经济损失。所以，投资者遇到断头铡刀形态时，一定要引起高度警惕。

（1）做短线的投资者要立即减仓，甚至全部抛空离场。

（2）做中线的投资者可先进行一些减仓操作，如果 60 日均线和 120 日均线出现异常，就应果断止损离场，有效保存资本。

本章小结

移动平均线是捕捉"黑马"的神奇工具

赛马场上，两匹众望所归的良驹一路领先奔向终点，就在其中一匹奋勇争先即将夺冠，全场为之欢呼时，突然自后方杀出一匹黑马，它后发先至，风驰电掣般夺得冠军。这是 19 世纪英国政治家杰明·狄斯雷斯在《年轻的公爵》中描绘的精彩赛马场面。从此，"黑马"备受关注。

一、"黑马"常有不常留，及时上马奔前途

生活中，"黑马"无处不在。股市中的"黑马"也是不计其数，那些不被大家关注、暂时表现低迷的股票，往往也有出人意料的表现。一旦股票价格脱离曾经的低位区在短期内大幅上涨，就成为了一匹抢眼的"黑马"。

那么，有多少股票正处于低迷时期？又有多少股票有大幅上涨的可能？答案是很多。大势所趋、基本面良好、庄家炒作，都是成就"黑马"的缘由。我们身边的"黑马"从不稀有，关键在于我们是否能够做个伯乐，是否能够发现并跨上这些"黑马"。有人讲"黑马"可遇不可求，一般被大家看好的很难成为"黑马"。但在笔者看来，不受关注的股票，每一只都有成为"黑马"的可能，它就在那里，等着你去发掘。

捕捉"黑马"就是捕捉未来，希望买到的股票会涨，希望跨上马背飞驰，但"黑马"常有不常留，介入的时间最为重要。牛市中"黑马"满街跑，但烈马难驯，许多人中途介入，如何能跟上风驰电掣的速度？因此，投资者最好在"黑马"起步阶段发现并上马，以享"骑马"之福。

二、策马扬鞭，均线为缰

在捕捉"黑马"的技术分析中，K线跳跃性大不好掌握，趋势线难预测头底、反应迟缓，最适合的就是移动平均线，对移动平均线进行分析是捕捉"黑马股"的又一有效的方法，移动平均线就是我们上马驰骋的缰绳。

移动平均线是连续若干交易日内的平均股价或平均持股成本，是一个安静的趋势指标，它是以道琼斯的"平均成本"概念为基础，利用统计处理，将若干个交易日的股票价格加以平均后，连接而成的线。之所以说移动平均线是捕捉"黑马"的神奇工具，原因在于其特征和作用。

1. 均线的特征

（1）趋势性和稳重性。均线表现的是一段时间内的股票成本变化和股价变化，起落平稳，不像K线般大起大落，因此对"黑马"的启动时机更易掌握，极大降低了被短期波动或骗线蒙蔽的可能；均线不能显示股价即时信息，但能够反映股价和成本运动的基本趋势，以此确定"黑

马"的轨迹和前途。

（2）安全性和滞后性。越是长期的平均线，越能表现出安全的特性，因此股价和成本的变化被更长的时间段分散。移动平均线不会轻易改变方向，只有等到股市形势明朗且显著后才真正有所体现，因此由均线分析而捕捉到的黑马安全性高。均线对股价变化的反应具有滞后性，这是和安全性相互依存的。

2. 均线的作用

（1）水能载舟，亦能覆舟。移动平均线具有双重作用，支撑或压制股价。

第一，对股价的支撑作用在趋势上涨行情中，均线的支撑作用最明显。股价向上突破后，均线向上移动。股价每次回跌至均线附近时，自然会产生支撑力量。随着支撑位的逐渐升高，股价也持续上行，也称为助涨作用。

第二，对股价的压制作用在趋势下跌行情中，均线的压力作用显现。股价向下突破后，均线向下移动。股价每次反弹至均线附近时，都会遇到阻力。如不能突破压力位，股价将随压力位降低而进一步下行，也称为助跌作用。均线的这种作用会增加"黑马"的安全性和稳定性。

（2）顺水行舟易，逆水行舟难。股价顺着均线走，上涨容易；股价逆着均线走，上涨较难。"黑马"出现，股价必然沿均线上升；若均线向下，股价较难上涨，"黑马"不易出现。

移动平均线由上升转为下降出现最高点，由下降转为上升出现最低点，这两点是移动平均线的转折点，预示股价走势将发生反转，此时是下马或上马的信号。

3. 利用均线捕捉"黑马"的技巧

在股市沉浮中，投资者们总结出许多以移动平均线捕捉"黑马"的技巧。换言之，就是利用均线选出尚未被关注、将要大幅上涨的股票。在之前的内容中，笔者也已提及一些股价大幅拉升的均线形态特征，在这里笔者概括为均线识马、K线上马、成交量护马。

（1）认清均线形态，抓住"黑马"特征。投资者常利用双均线系统、周均线系统、月均线系统、季均线系统等均线组合分析盘面，选择个股。当出现前面提及的某些形态，如金叉、银山谷、金山谷、黏合交叉向上发散等，若其将要形成多头发散或类似的逐浪上升形态，就可以暂定其为黑马。

（2）K线辅助，上马时机准。均线自身存在的缺陷，可以利用K线辅助手段加以弥补。K线与均线构成的均线系统可以更准确地反映股指趋势，同时也能更精确地表现股价变化和转折点。利用K线辅助，投资者可以尽早发现"黑马"启动的征兆，及时上马。

（3）成交量配合，以策安全。均线系统分析离不开成交量分析，没有成交量配合的均线形态往往是假象、是骗线，当成交量显示均线形态真实时，投资者才可放心上马，不会马失前蹄。在均线系统形成快速上涨、加速上涨等形态时，要加入成交量分析，以判断当前状况是拉升的继续还是回落的前兆。

均线以其准确、稳定的趋势象征和灵活、多变的组合形态给投资者提供了方便。均线系统组合形态辨识度高，准确性强，且易于与多种分析方式结合，成为选股技术分析的不二选择，无愧为捕捉"黑马"的神奇工具。

方法链接

"国际狙击手"乔治·索罗斯的投资之道

你能想象出以一人之力对抗整个国家的金融和货币营运并获得成功的情形吗？1997年，一个人倚仗自己的资金，向泰国货币泰铢发起了攻击：他大量抛售泰铢，散布夸张舆论，使得泰铢扛不住压力迅速大幅贬值，他趁机大量买进之后拉升，从中渔利。在几个月的短兵相接中，他奋然杀出一条血路，使泰国的经济濒临崩溃，也使东南亚金融市场因此陷入重大困境——货币贬值、工厂倒闭、银行破产、物价飞涨……甚至对拉美、东欧和亚洲其他国家的创汇和证券市场也造成了一定程度的冲击。为此，他得到了"金融大鳄"的称号。1992年他也曾发起对英镑的狙击，同样大获全胜并造成英国当局陷入危机，也许您已经知道他是何人了，没错，他就是被称为"国际狙击手"的乔治·索罗斯。

可以说，索罗斯是个备受争议的人物，他本身就是个极端矛盾的存在体。他可以毫不留情地摧毁一个国家甚至是更广阔地区的经济和生活，也可以为生活困苦和经历战争危机的地区与人民提供援助。

但是，不可否认的是，索罗斯的人生是辉煌的，在1956年，他通过建立和管理国际投资基金积累了大量财富。1968年，他成立了"第一老鹰基金"，1969年以400万美元建立了第一只对冲基金，1984年在匈牙利建立了第一个东欧基金会，1987年建立了苏联索罗斯基金会。到2000年，索罗斯的基金年回报率已高达31%，公司管理基金120亿美元，其中74亿美元的量子基金属于索罗斯和他的家族所有。

索罗斯的投资战绩也是辉煌的，不论是1992年的狙击英镑行动还是1997年的狙击泰铢行动，他都取得了令人震惊乃至震颤的成功。

索罗斯的成功源自他的眼界、胆略、自信和敏锐的直觉，也源自他创造的一系列投资理论和技巧。

1. 索罗斯的"反射理论"

以投机著称的索罗斯，以"反射理论"和"大起大落理论"为基础，利用"羊群效应"逆市操控市场进行投机，在市场转折处进出，看重市场趋势。

反射理论的核心就是投资者与市场之间的互动影响。该理论认为，投资者不可能完全正确地认识市场，他们持"偏见"入场。当"偏见"只是少数人的偏见时，市场受影响不大；当不同投资者的偏见互动产生群体效应时，影响力就会凸显。"偏见"是了解市场动力的关键，这就是"羊群效应"。在将要"大起"的市场投入巨额资本买进同时引诱大批跟风者，带动市场价格迅速拉升至疯狂状态；在市场行情即将"大落"崩溃时做空、大量抛售，导致市场下跌甚至崩盘。投资者则可在涨跌转折处赚取投机差价。

1992年的狙击英镑行动和1997年的狙击泰铢行动，很好地证明并应用了这一理论。当索罗斯引导利用一部分投资者的"偏见"、使消极舆论成为主导时，群体影响效应发挥作用，市场向着他所期望的方向发展。在市场跌至底部时，索罗斯大举买进，在拉升至顶端后，索罗斯大举卖出，低买高卖间已经将这些国家几十年的发展成果据为己有。

索罗斯的另一个理论就是"盛衰理论"，即投资于不稳定态。盛衰理论可以说是反射理论应用的前提。反射不会遵循预先决定的形态，但反射为了更加明显，自我强化，如果持续时间够长，就会造成思想和实际状况之间鸿沟变大、投资者偏见加深，之后反射自我摧毁。这个过程也造就了金融市场的"盛衰"。

2. 索罗斯的"森林法则"

与其他投资大师的投资方式不同，索罗斯没有严格的原则和规律，他更善于观察混乱状态，因时制宜、因势制宜、灵活机动。这些都充分地体现在他的"森林法则"中。

（1）耐心等待时机出现。根据现状中的蛛丝马迹，分析即将出现的转变；按照预测部署行动策略，而后静待猎物出现。就如同狼将前爪搭在人的肩上做足准备，静待人的回头一瞬。

（2）专挑弱者攻击。攻击的对象不仅仅是弱者，还包括弱点，这种做法有很高的成功率。任何事物不论如何完善都是不完美的，当其随时间与环境的改变出现严重漏洞时，就容易被打垮。

（3）进攻须狠且全力。"如果你的投资运行良好，那么，跟着感觉走，并且把你所有的资产投入进去。"索罗斯的一大投资特点就是不求稳，但求狠。他的几次行动都可以说是倾囊而出，下手狠辣，不留余地。在大赚大赔中取得平衡，颇有"破釜沉舟"的意味。

（4）保命是第一要务。就算是极有魄力的索罗斯也会有小心谨慎的时候，"如果你经营状况欠佳，那么，第一步你要减少投入，但不要收回资金。当你重新投入的时候，一开始投入数量要小"、"见坏快闪、认赔出局求生存。"

股市就如广袤森林般，惊喜与危机共存，既食物丰盛，也险象环生。索罗斯的"森林法则"生动形象地给予投资者建议：要有敏锐的眼光和直觉，避开风险、搜寻猎物、全力出击，努力生存并生活得更好。

第六章 驾驭技术指标分析

投资者除了根据均线和量价关系判断行情外，还可以利用技术指标的综合分析对股市行情做出更精确的判断。

第一节 技术指标看盘技巧

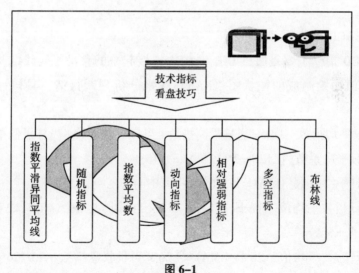

图 6-1

一、指数平滑异同平均线

1. MACD 定义

MACD（Moving Average Convergence and Divergence），中文翻译为"指数平滑异同平均线"。MACD 由短期（常用为 12 日）移动平均线减去长期（常用为 26 日）移动平均线构造而成，是对买进、卖出时机做出研判的技术指标。当 MACD 从负数转向正数，是买进的信号；当 MACD 从正数转向负数，是卖出的信号。如图 6-2 所示的山东高速（600350）MACD。

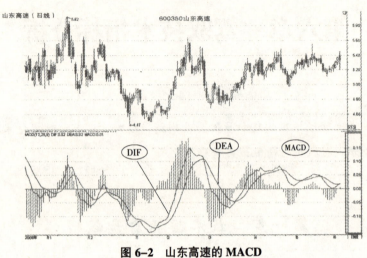

图 6-2　山东高速的 MACD

2. MACD 的计算方法

MACD 指标主要是通过 DIF 和 DEA 连接起来的移动平均线以及 DIF 减去 DEA 值而绘制成的柱状图（BAR）等来分析判断行情，具体计算公式如下：

加权平均指数（DI）= 当日最高指数 + 当日收盘指数 + 当日最低指数 × 2

12 日平滑系数（L12）= 2/（12 + 1）= 0.1538

26 日平滑系数（L26）= 2/（26 + 1）= 0.0741

12 日指数平均值（12 日 EMA）= L12 × 当日收盘指数 + 11/（12 + 1）× 昨日的 12 日 EMA

26 日指数平均值（26 日 EMA）= L26 × 当日收盘指数 + 25/（26 + 1）× 昨日的 26 日 EMA

差离率（DIF）= 12 日 EMA – 26 日 EMA

9 日 DIF 平均值（DEA）= 最近 9 日的 DIF 之和/9

柱状值（BAR）= DIF – DEA

MACD = （当日的 DIF – 昨日的 DIF）× 0.2 + 昨日的 MACD

式中，DIF 指收盘价短期、长期指数平滑移动平均线间的差，是核心。

DEA 指 DIF 的 M 日指数平滑移动平均线（M 天数，一般为 12、26、9），是辅助。

BAR 在股市技术软件上是用红柱和绿柱的收缩来研判行情。

MACD 指 DIF 与 DEA 的差。

3. MACD 的应用原则

投资者可根据图 6-3 了解 MACD 的应用原则。

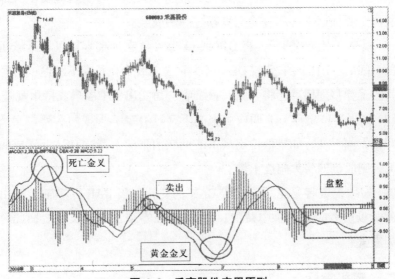

图 6-3　禾高股份应用原则

（1）当 DIF 和 DEA 处于零轴以上时，一般表示为股市处于多头行情中，DIF 向上突破 DEA 是买入信号。DIF 线自上而下穿越 DEA 线时，如果两线值还处于零轴以上运行，只能认为是回档，此时投资者还需要借助其他指标来综合判断是否卖出手中持股。

（2）当 DIF 和 DEA 处于零轴以下时，一般表示为股市处于空头行情中。DIF 向下穿越 DEA 是卖出信号。DIF 线自下而上穿越 DEA 线时，如果两线值还处于零轴以下运行，只能认为是反弹，此时投资者还需要借助其他指标来综合判断是否买入股票。

（3）强势"黄金交叉"。当 DIF 线和 DEA 线都运行在零轴附近区域，DIF 向上突破 DEA 时，它表示股价经过一段时间的整理后，将开始一轮比较大的上涨行情，是中长线买入信号。投资者可以加码买进股票或持股待涨。

（4）弱势"黄金交叉"。当 DIF 线和 DEA 线在远离零轴以下区域，向下运行很长一段时间后，DIF 向上突破 DEA 时，它表示股价经过一轮比较大的跌势后，股价将开始反弹向上，是短线买入信号。投资者可以开始买进少量股票或持股。

（5）强势"死亡交叉"。当 DIF 线和 DEA 线在远离零轴以上区域，向上运行很长一段时间后，DIF 却向下突破 DEA 时，它表示股价经过很长一段时间的上涨行情，并在高位横盘整理后，股价将大跌。投资者应卖出大部分或全部股票，要加倍小心那些前期涨幅过高的股票。

（6）弱势"死亡交叉"。当 DIF 线和 DEA 线在远离零轴以下区域运行很长一段时间后，DIF 向下突破 DEA 时，它表示股价在长期下跌途中，经过一段时间的反弹整理后，还将下跌。投资者应再卖出手中股票或持币观望。

（7）如果高位出现 DIF 两次由上向下穿过 DEA，形成两次死亡交叉，则股价即将大幅下跌；如果低位出现 DIF 两次由下向上穿过 DEA，形成两次黄金交叉，则股价即将大幅度上涨。

（8）短线投资者要注意柱状线 BAR 的变化，当 BAR 在零轴上方由长变短，此时投资者应卖出手中持股；当 BAR 在零轴下方由长变短，此时投资者应买进股票。

二、随机指标

1. KDJ 的定义

KDJ 是乔治·蓝恩博士最早提出来的，又称随机指标。它起初用于期货市场的分析，后被广泛用于股市的中短期趋势分析。KDJ 在图表上共有三根线，K 线、D 线和 J 线。它是通过当日或最近几日最高价、最低价及收盘价等价格波动的波幅，反映价格趋势的强弱，如图 6-4 所示。

2. KDJ 的计算方法

随机指标 KDJ 是根据统计学的原理，利用一个特定的周期（通常为 9 日、9 周等）内出现过的最高价、最低价、最后一个计算周期的收盘价及这三者之间的比例关系，来计算最后一个计算周期的未成熟随机指标 RSV 值，然后再计算 K 值、D 值、J 值等并绘成曲线图来研判股票走势。以日 KDJ 数值的计算为例，其计算公式为：

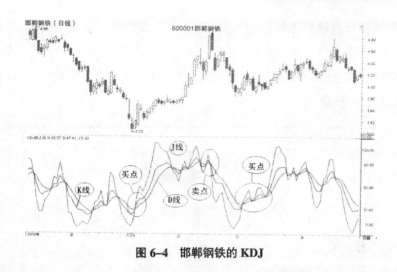

图6-4　邯郸钢铁的KDJ

n日 RSV = (Cn − Ln) / (Hn − Ln) × 100

式中，Cn为第n日收盘价；Ln为n日内的最低价；Hn为n日内的最高价。RSV值始终在1~100间波动。

其中，K值与D值的计算公式分别如下：

当日K值 = 2/3 × 前一日K值 + 1/3 × 当日RSV

当日D值 = 2/3 × 前一日D值 + 1/3 × 当日K值

若无前一日K值与D值，则可分别用50来代替。

以9日为周期的KD线为例。先计算出最近9日的未成熟随机指标RSV值，计算公式为：

9日 RSV = (C − L9) / (H9 − L9) × 100

式中，C为第9日的收盘价；L9为9日内的最低价；H9为9日内的最高价。

K值 = 2/3 × 前一日K值 + 1/3 × 当日RSV

D值 = 2/3 × 前一日K值 + 1/3 × 当日的K值

若无前一日K值与D值，则可分别用50来代替。

J值 = 3 × 当日K值 − 2 × 当日D值

3. KDJ的应用原则

随机指标KDJ主要是通过K、D、J这三条曲线所构成的图形关系来预测大盘上股价的中短期及长期趋势。它的反应比较敏感快速，是进行短中长期趋势波段分析研判的较佳的技术指标。KDJ 常用的默认参数是 9，一般常用的 KDJ 参数有 5、9、19、36、45、73 等。实际操作中投资者还应将不同的周期综合来分析，短、中、长趋势便会一目了然。下面结合图 6-5，介绍 KDJ 应用的一般原则。

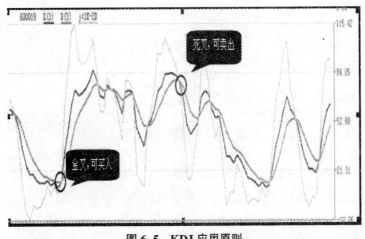

图 6-5　KDJ 应用原则

（1）K、D、J 这三条曲线就其敏感性来说，J 值最敏感，K 值次之，D 值最差；就其安全性来说，D 值最稳，K 值次之，J 值最差。

（2）KDJ 中 K 和 D 的取值范围都为 1~100，根据 K、D 的取值，可将其划分为超买区、超卖区和徘徊区。K、D 二值在 80 以上为超买区，投资者可逢高卖出；K、D 二值在 20 以下为超卖区，投资者可逢低买入；K、D 二值在 20~80 之间为徘徊区，投资者宜持币观望。

（3）一般而言，当 K、D、J 三值在 50 附近时，表示多空双方力量均衡；当 K、D、J 三值都大于 50 时，表示多方力量占优势；当 K、D、J 三值都小于 50 时，表示空方力量占优势。

（4）一般而言，在低位上，K 线上穿 D 线为买入信号；在高位上，K 线下穿 D 线为卖出信号。D 线由下转上为买入时机；由上转下为卖出时机。

（5）强势"黄金交叉"。当 K、D、J 三线都在 50 附近徘徊，J 线和 K 线同时从下向上再次突破 D 线，成交量再度放出时，它表示股价经过一段时间的上升盘整后，将再度上涨。投资者可以加码买进股票或持股待涨。

（6）弱势"黄金交叉"。K、D、J 三线都处于 50 以下，J 线和 K 线同时向上突破 D 线时，它表示股价经过很长一段时间的低位盘整，股价跌势已经结束，股市即将转强。投资者可以开始买进股票。

（7）强势"死亡交叉"。当股价经过一段时间的下跌后，向上反弹的动力缺乏，各种均线对股价形成较强的压力，KDJ 曲线在经过短暂的反弹到 80 附近，但未能重返 80 以上，J 线和 K 线再次向下突破 D 线时，它表示股市将再度进入极度弱市中，股价还会继续下跌。投资者应立即卖出手中所有的股票。

（8）弱势"死亡交叉"。当股票价格经过前期一段很长时间的上升行情后，股价涨幅已经很大，一旦 J 线和 K 线在高位（80 以上）同时向下突破 D 线时，表明股市即将由强势转为弱势，股价将大跌。投资者应立即卖出手中大部分的股票。

三、指数平均数

1. EXPMA 的定义

EXPMA（Exponential Moving Average），中文名称叫作指数平均数。它是一种趋向类指标，是对股票收盘价进行算术平均，并根据计算结果来进行分析，用于判断价格未来走势的变动趋势，是一个非常有效的分析指标。

2. EXPMA 的计算方法

EXPMA 指标的计算公式中着重考虑了价格当天（当期）行情的权重，因此决定了作为一类趋势分析指标。

EXPMA =（当日或当期收盘价 – 上日或上期 EXPMA）/N + 上日或上期 EXPMA

其中，首次上期 EXPMA 值为上期收盘价。N 为天数（一般 N 的参数值设定在 12 或 50）。

3. EXPMA 的应用原则

EXPMA 指标由 EXPMA1（白线）和 EXPMA2（黄线）组成，该指标一般比较符合以中短线为主的投资者。

（1）短期 EXPMA、长期 EXPMA 从高到低排列，为多头特征；长期 EXPMA、短期 EXPMA 股价从高到低排列，为空头特征。

（2）白线和黄线始终保持距离地上行，每次股价回落至白线附近而且不击穿黄线，此时投资者可以买入股票。

（3）当股价由下往上碰触EXPMA，遭遇大阻力回档时，投资者可以卖出手中持股。

（4）在空头市场中，投资者应用此指标须注意防止多头陷阱。

四、动向指标

1. DMI 的定义

DMI（Directional Movement Index），中文名称是动向指标或趋向指标。DMI指标是属于趋势判断的技术性指标，既可以用作买卖信号，也可辨别行情是否已经发动。它是DM、DI、DX、ADX四个技术指标的综合。

2. DMI 的计算方法

DMI指标的计算方法和过程比较复杂，它涉及DM、TR、DX等几个计算指标和+DI、-DI、ADX和ADXR四个研判指标的运算。具体的计算公式如下：

（1）上升动向值（+DM）= 当日最高价 - 上日最高价。

式中，+DI必须大于当日最低价减去上日最低价的绝对值，否则+DM = 0。

下降动向值（-DM）= 当日最低价 - 上日最低价。

式中，-DI必须大于当日最低价减去上日最低价的绝对值，否则-DM = 0。

无动向值时±DM数值取零。

（2）A = |当日最高价 - 当日最低价|

B = |当日最高价 - 上日收盘价|

C = |当日最低价 - 上日收盘价|

真实波幅（TR）取A、B、C中数值最大者。

（3）上升动向指标（PDI）（+DI）= $\sum + DM / \sum TR \times 100$

下降动向指标（MDI）（-DI）= $\sum - DM / \sum TR \times 100$

（4）DX = (PDI - MDI) / (PDI + MDI) × 100

（动向平均数）ADX = DX的M日移动平均值。

（5）ADXR = (当日ADX + 前日ADX) / 2

式中，参数N一般设置为14；参数M设置为6。

3. DMI 的应用原则

（1）上升指标+DI 和下降指标–DI 两条曲线的走势关系是判断买卖的信号，平均指标 ADX 是判断未来行情发展趋势的信号。

（2）+DI 曲线在 50 以下同时在 ADX 线和 ADXR 线及–DI 线以下时，表示股市处于弱势，投资者应以持币观望或逢高卖出股票为主。

（3）当 ADX 脱离 20~30 之间上行，不论股市是涨是跌，一段时间内股价维持不变。

（4）当 ADX 位于+DI 与–DI 下方，降至 20 以下，并呈横向窄幅移动时，表示股市处于牛皮盘整期，投资者应以持币观望为主。

（5）股市处于上涨中，在高点 ADX 由升转降时，表明涨势将结束，投资者应调整多头行动；股市处于下跌中，在高点 ADX 由升转降时，表明跌势将结束，投资者应调整空头行动。

（6）当 ADXR 曲线低于 20 时，投资者应果断离市，因为这时所有指标都失灵。

五、相对强弱指标

1. RSI 的定义

RSI（Relative Strength Index），中文名称是相对强弱指标。此种指标根据股价强弱的变化方向来推测价格未来的发展，并从中观察买卖双方力量的变化，是目前最流行、最适用的一种技术分析方法。

2. RSI 的计算方法

根据 RSI 指标的大小，可以判断市场买卖双方的强弱。具体的计算公式如下所示：

RSI（N）=［N 日内收市涨幅数值/（N 日内收市涨幅数值＋N 日内收市跌幅数值）］×100%

式中，N 表示天数。

3. RSI 的应用原则

（1）RSI 数值的变化范围在 0~100。一般情况下，RSI=50 时为强势市场与弱势市场分界点，说明市场处于整理状态，投资者可观望；RSI 值在 50 以上变化时，为强势市场；若低于 50 时，则为弱势市场。

（2）如果 RSI 数值在 50~70 波动时，表示市场有可能会出现超买现象，如继续上升，超过 90，则已进入严重超买区，价格已形成顶部，极可能在短期内转升为跌。

（3）当 RSI 数值下降至 20~50 时，表示市场已进入超卖区域；一旦下降至 10 以下，表明进入严重超卖区，价格可能止跌回升。

（4）如果在盘整期间，一底比一底高，则表明多头的力量强大，后市有可能在一小段时间内出现上涨，此时则是买进的时机。反之一底比一底低，则是卖出时机。

（5）当短期 RSI 大于长期 RSI 时，表明市场属于多头市场；当短期 RSI 小于长期 RSI 时，表明市场属于空头市场。

（6）如果 RSI 数值上升股价反而下跌，为底背离，股价很容易反转上涨；RSI 数值下降股价反而上涨，为顶背离，股价很容易反转下跌。

六、多空指标

1. BBI 的定义

BBI（Bull and Bear Index），中文名称为多空指标。该指标是一条混合平均线，一种将不同日移动平均线加权平均之后的综合指标。它既有短期移动平均线的灵敏，又有中期趋势特征，适于稳健的投资者。

2. BBI 的计算方法

BBI 指标是移动平均原理的特殊产物，起到了多空分水岭的作用。原始参数值是 3、6、12、24。它是将 3 日、6 日、12 日、24 日四个平均股价（或指数）相加后除以 4 得出多空指标的数值。计算公式如下：

3 日 MA＝3 日收盘价之和/3

6 日 MA＝6 日收盘价之和/6

12 日 MA＝12 日收盘价之和/12

24 日 MA＝24 日收盘价之和/24

BBI＝（3 日 MA＋6 日 MA＋12 日 MA＋24 日 MA）/4

式中，MA 指 N 日的平均股价。

3. BBI 的应用原则

①当 BBI 指标保持向上态势时，投资者可买入股票或持股。

②当 BBI 指标上行趋缓转为走平时应提高警惕，投资者应观望为宜。

③当 BBI 指标掉头向下形成拐点时，投资者应适当减磅或离场。

④上升回档时，BBI 为支撑线，可以发挥支撑作用。

⑤下跌反弹时，BBI 为压力线，可以发挥阻力作用。

七、布林线

1. BOLL 的定义

BOLL（Bolinger Bands），中文名称为布林线，BOLL 指标由约翰·布林先生创造。此种指标中的股价通道是其所特有的分析手段，它对预测未来行情的走势起着重要的参考作用。

2. BOLL 的计算方法

BOLL 指标利用统计原理，计算出股价的标准差及其信赖区间，从而确定股价的波动范围及未来走势。其中涉及上轨线（UP）、中轨线（MB）和下轨线（DN）的计算。日 BOLL 指标和周 BOLL 指标经常被用于股市研判。虽然它们计算时的取值有所不同，但基本的计算方法一样。

以日 BOLL 指标计算为例，其计算方法如下：

上轨线（UP）= 中轨线 + 两倍的标准差

中轨线（MB）= N 日的移动平均线

下轨线（DN）= 中轨线 − 两倍的标准差

（1）计算 MA。

　　MA=N 日内的收盘价之和/N

（2）计算标准差 MD。

　　MD=平方根 N 日的（C−MA）的两次方之和/N

（3）计算 MB、UP、DN 线。

　　MB =（N − 1）日的 MA

　　UP = MB + K × MD

　　DN = MB − K × MD

式中，K 为参数，一般默认为 2（可根据股票的特性来做相应的调整）。

3. BOLL 的应用原则

（1）在盘整或上升的趋势中，当股价向下击穿支撑线时买点出现，而股价向上击穿阻力线时卖点出现。

（2）BOLL线由上、中、下轨组成带状通道。当股价沿着BOLL上轨运行时，表明股价短期内将继续上涨，投资者应坚决持股待涨或逢低买入。

（3）当股价在BOLL上轨和中轨之间运行时，只要股价不跌破中轨，说明股市处于强势，投资者应逢低买进。

（4）当股价在BOLL中轨区域运行时，表明股市为震荡行情，投资者应空仓观望，回避这一段震荡行情。

（5）当股价在BOLL中轨和下轨之间运行时，只要股价不冲破中轨，说明股市处于弱势，投资者应逢高卖出。

（6）当股价沿着BOLL下轨运行时，表明股价短期内将继续下跌，投资者应坚决持币观望或逢高卖出。

第二节　技术指标分析实战

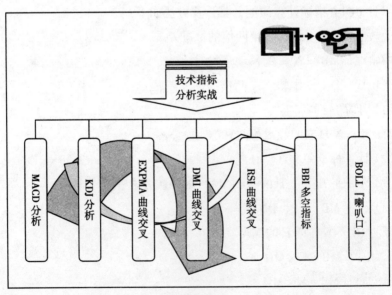

图6-6

一、MACD 分析

1. 顶背离和底背离

MACD 背离是指 MACD 指标图形的走势和 K 线图的走势方向相反。MACD 指标的背离分为顶背离和底背离。

（1）顶背离。当股价 K 线图上的走势一峰比一峰高，MACD 指标中的 DIF 不与股价走势同步向上，而是逐级下降，这叫顶背离现象，如图 6-7 所示。它预示着股价即将下跌，一般是股价在高位即将反转的信号，投资者要做好卖出手中持股的准备。

图 6-7　MACD 的顶背离

（2）底背离。当股价 K 线图上的走势一峰比一峰低，MACD 指标中的 DIF 不与股价走势同步向下，而是逐级上升，这叫底背离现象，如图 6-8 所示。它预示在低位股价可能反转向上，投资者应注意寻找买点。

在实践中，投资者应注意，MACD 指标的背离出现在多头行情中比较可靠。通常股价在高位出现一次背离现象，投资者可确认股价即将反转；股价在低位出现多次背离现象，投资者才可确认股价反转。因此，MACD 指标的顶背离研判的准确性要高于底背离。

2. 柱状图分析

柱状图是根据 DIF 与 DEA 的差值所绘制，用红柱状和绿柱状表示，红柱表示正值，绿柱表示负值。用红、绿柱状来分析行情，既直观明了又实用

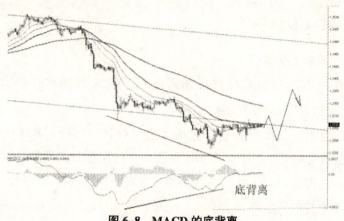

底背离

图 6-8　MACD 的底背离

可靠。

（1）红色柱状图。

①当红柱状持续放出时，表明股市处于多头行情中，股价将继续上涨，这时投资者应短线买入股票或持股待涨，直到红柱无法再放出时考虑卖出。

②当红柱状开始收缩时，说明股价的涨势已接近尾声，股市要进入调整期，股价将大幅下跌，这时投资者应卖出大部分或全部股票。

③当红柱开始消失，绿柱开始放出时，这是股市即将转换行情的一个信号，表明股市的上涨行情或高位盘整行情即将结束，股价将开始加速下跌，这时投资者应开始卖出大部分股票。

（2）绿色柱状图。

①当绿柱状持续放出时，表明股市处于空头行情之中，股价将继续下跌，这时投资者应卖出股票或持币观望，直到绿柱开始缩小时才可以考虑买入少量股票。

②当绿柱状开始收缩时，表明股市的大跌行情即将结束，股价将止跌向上或进入盘整，这时投资者可以进行少量长期战略性建仓，不要轻易卖出手中持股。

③当绿柱开始消失、红柱开始放出时，这也是股市即将转换行情的一个信号，表明股市的下跌行情或低位盘整已经结束，股价将开始加速上升，这时投资者应加码买进股票或持股待涨。

★　**注意**　★

（1）MACD 指标对于研判短期顶部和底部，并不一定可信，只有结合中期乖离率和静态钱龙中的 ADR 指标，才可以判定。

（2）利用周线中的 MACD 指标分析比日线中的 MACD 指标效果好。

（3）牛皮市道中的指标将失真。牛皮市道指价格保持水平方向的移动。

二、KDJ 分析

1. 顶背离和底背离

KDJ 的背离是指 KDJ 指标图形的走势方向和 K 线图的走势方向正好相反。KDJ 的背离分为顶背离和底背离两种。

（1）顶背离。当股价 K 线图上的股票走势一直在向上涨，股价创新高，而 KDJ 指标的走势逐级下降，这就构成了顶背离，投资者应卖出手中持股，如图 6-9 所示。

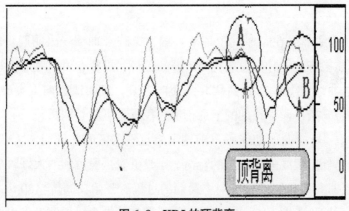

图 6-9　KDJ 的顶背离

股票波浪运动过程中，股价高点越来越近，说明支持股价上升的动能越来越小，股价上升自然乏力；KDJ 越来越高，要求股票价格回调，从而产生逆向顶背离。

（2）底背离。当股价 K 线图上的股票走势向下跌，股价创新低，而 KDJ 指标的走势逐级上升，这就构成了底背离，这种现象通常是股价将低位反转的信号，投资者应趁机买入股票，如图 6-10 所示。

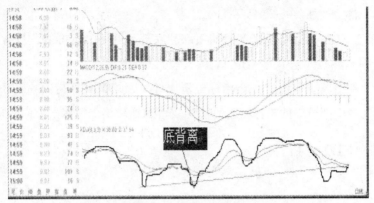

图 6-10　KDJ 的底背离

投资者需注意的是，和 MACD 的背离一样，KDJ 顶背离的研判准确性要高于 KDJ 底背离。股价较高时，KDJ 在 80 以上出现顶背离时，可以及时卖出股票；股价较低时，而 KDJ 也在低位（50 以下）出现底背离时，反复出现几次底背离才能确认这种情况，并且只能做战略建仓或做短期投资。

2. K、D、J 曲线运行的状态

（1）J 曲线如果在底部（50 以下）向上突破 K 曲线，表明股价的弱势整理格局可能被打破，股价短期将有上升的趋势，投资者可以考虑少量加仓。

（2）J 曲线向上突破 K 曲线并急速向上升，且曲线也向上突破 D 曲线，表明股价将开始一段中长期的上涨行情，投资者可放心购买。

（3）K、D、J 曲线如能脱离前期窄幅盘整的区间并同时向上快速运动，表明股价已处于短线强势拉升的行情，是投资者持股盈利的大好时机。

（4）J 曲线完成一段快速向上运动的过程后开始在高位（80 以上）向下掉头，表明股价短期上涨过快，即将短线调整，是短线投资者卖出的时机。

（5）D 曲线和 K 曲线如果也开始在高位向下掉头，表明股价的下跌行情即将开始，投资者应全部清仓出局。

（6）若这三条曲线从高位同时都向下运动，表明股价的下跌势在必行，此时，投资者需持币等待好时机。

三、EXPMA 曲线交叉

EXPMA 以交叉为主要信号，有以下几种交叉情况：

（1）当短期 EXPMA 线从下向上穿越长期 EXPMA 线，形成金叉时，股价随后不断上升，此时投资者可以买入股票。

如图 6-11 所示，2007 年 10 月 8 日，交通银行（601328）股价最高价 14.99 元，向上穿越 EXPMA 指标形成黄金交叉。10 月 9 日，主力对股价进行拉升，10 月 16 日创历史新高 15.90 元。10 月 18 日受 EXPMA 指标的 17 指标线支撑早于大盘见底回升，23 日再创新高。投资者此时买入可获利。图 6-11 中"1"表示 10 月 9 日，"2"表示 10 月 18 日。

图 6-11　交通银行的 EXPMA 曲线交叉

（2）当短期 EXPMA 线从下向上穿越长期 EXPMA 线，形成死叉时，股价随后不断下跌，此时投资者应卖出手中持股。

（3）股价在短期 EXPMA 线之上开始上涨，短期 EXPMA 线从下向上穿越趋于走平的长期 EXPMA 线。此时是买入时机。

（4）当股价上涨，短期 EXPMA 线穿越长期 EXPMA 线，并形成回档，短期 EXPMA 线再度自上而下接近长期 EXPMA 线时，此时长期 EXPMA 线仍处于一定的上升状态，股价、短期 EXPMA 线、长期 EXPMA 线重新合在一起，投资者可以买入股票。

四、DMI 曲线交叉

（1）当股价上涨，而同时+DI 向上突破 DI 时，表明股市上有许多买家进场，投资者可买入股票。如果 ADX 升到某一水平，掉头回落，股价将下跌。如果 ADX 止跌回升，则预示股价的涨势更强劲。

（2）当股价下跌，而同时−DI 向下突破+DI 时，表明股市空方力量在加强，投资者应卖出股票。如果 ADX 向上攀升，则预示跌势将加剧。ADX 见顶回落，后市出现反弹上升的趋势。

（3）当+DI 与−DI 相交之后，随后 ADX 与 ADXR 交叉，此时如果行情上涨，将是最后一次买入机会；如果行情下跌，将是最后一次卖出机会。

五、RSI 曲线交叉

（1）黄金交叉。当短期 RSI 在 20 以下超卖区内上穿长期 RSI 时，形成 RSI 指标的"黄金交叉"。此时投资者可以买入股票。此处短期 RSI 指计算周期相对较小的 RSI 曲线，长期 RSI 指计算周期相对较长的 RSI 曲线。

（2）死亡交叉。当短期 RSI 在 80 以上超买区内向下突破长期 RSI 时，形成 RSI 指标的"死亡交叉"。此时投资者可以卖出股票。

★ **注意** ★

股市处于剧烈震荡时，超买或超卖会出现钝化现象，此时，有两种方法可处理此现象：

（1）更改 RSI 的时间期限。

（2）股市处于超级牛市时，超买超卖值分别调为 90 和 10；熊市时，超买超卖值分别调为 70 和 30。

六、BBI 多空指标

（1）当股价运行于多空指标上方，且多空指标逐渐上升，表明股市处于多头趋势，投资者可以继续持股。

（2）当股价运行于多空指标下方，且多空指标逐步下滑，表明股市处于空头趋势，投资者不宜买入。

（3）当股价处于低位区，且当日收盘价突破 BBI 曲线，表示股市由空头转入多头趋势，此时投资者可以买入股票。

（4）当股价处于高位区，且当日收盘价跌破 BBI 曲线，表示股市由多头转入空头趋势，此时投资者可以卖出持股。

（5）当股价和 BBI 曲线黏合时，投资者要保持观望态度。

★　注意　★

BBI 指标也具有一些缺点，投资者使用时应注意：

（1）指标信号的滞后性。股价已接近短期头部或底部时，BBI 指标才出现买卖信号。投资者经常会错失买卖的良机。

（2）指标信号的频发性。这个缺点在趋势不明朗时尤为严重。

（3）BBI 指标只设置了一条平均线，仅有短期多空分水岭的作用。

七、BOLL "喇叭口"

BOLL "喇叭口" 的研判是 BOLL 指标所独有的研判手段。BOLL "喇叭口" 分为开口型喇叭口、收口型喇叭口和紧口型喇叭口三种类型。下面将详细分析这三种类型。

1. 开口型喇叭口

所谓开口型喇叭口，指股价经过长时间的底部整理后，布林线的上轨线和下轨线逐渐收缩，当有明显大的成交量出现时，行情突然急速向上飙升，此时上轨线也同时急速向上扬升，而下轨线却加速向下运动，布林线上下轨之间形成一个类似于大喇叭的特殊形态。

此种形态的出现预示着股市的多头力量将大于空头力量，短期内股价将大幅拉升。投资者应及时短线买进定会获利颇丰。

2. 收口型喇叭口

所谓收口型喇叭口，指股价经过前期大幅的短线拉升，布林线的上轨线和下轨线逐渐扩张，成交量逐渐减少，行情在高位急速下跌，此时上轨线急速掉头向下，而下轨线却加速上升，布林线上下轨之间形成一个类似于倒的大喇叭的特殊形态。

此种形态的出现预示着股市的空头力量将大于多头力量，短期内股价将大幅下跌。投资者应及时卖出持股，保住自己的胜利果实。

3. 紧口型喇叭口

所谓紧口型喇叭口，指股价经过长时间的下跌后，成交极度萎缩，布林线的上下轨向中轨逐渐靠拢，行情在低位反复震荡，此时上轨线向下运动，而下轨线却缓慢上升，布林线上下轨之间形成一个类似于倒的小喇叭的特殊形态。

此种形态的出现预示着多空双方的力量逐步处于平衡，股价将长期横盘整理。投资者可观望等待或少量建仓。

★ **注意** ★

（1）运用布林线选股主要是观察布林线指标开口的大小。

（2）布林线结合其他指标配合使用，效果会更好，如成交量、KDJ指标等。因为此种指标把握短线波动较好，但在指示中线突破的方向时不明确。

（3）布林线对庄家控盘程度不高的股票适用。因为庄家高度控盘，股价失去短线震荡的动力。

本章小结

还原股市技术指标真相

技术指标对分析、研判股市的大势有重要作用，它是利用已有股价的趋势，来判断未来股价的趋势发展。

但技术指标不是万能的，投资者不应该把它作为万能的赚钱工具。技术指标仅是用来判断股价的未来走势，而不能决定股价的未来走势。犹如医院的体温表，别指望体温表能治愈百病。技术指标是投资者进行股票操作的一种辅助性工具，所以难免会有局限性。

投资者在运用技术指标分析时，应该明白指标容易受到人为因素的操控。庄家在坐庄时往往会利用技术指标布置技术陷阱，如果投资者完全相信技术指标分析，就会被庄家刻意制作的技术指标所迷惑，从而做出错误的判断，庄家则会趁机拉升或是出货。

每一个技术指标都有自己的优缺点，投资者应避免用单一指标分析，只有多种技术指标相结合才能更好地研究大盘的走势。技术指标往往受市场影响较大，在股市盘整时，技术指标通常会失灵。

投资者使用技术指标一定要配合止损，这就像汽车需要刹车一样，如果没有及时刹车，中途就会翻车甚至有生命危险。投资者即使熟悉了一项技术指标的使用方法，也不可盲目自信，必须遵循合理的原则，理性对待。

方法链接

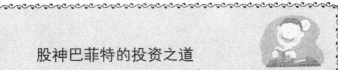

股神巴菲特的投资之道

金庸在小说中说：平生不识陈近南，便称英雄也枉然。而对于股民来说：平生不识巴菲特，便称高手也枉然。巴菲特是有史以来最伟大的投资家，他依靠股票、外汇市场的投资，成为了世界上数一数二的富翁。

沃伦·巴菲特，美国投资家、企业家及慈善家，被称为股神，尊称为"奥玛哈的先知"、"奥玛哈的圣贤"，拥有约620亿美元的净资产。我们可以浏览一下他的简历，看看他的投资人生中，到底有哪些传奇色彩：

1947年，巴菲特进入宾夕法尼亚大学攻读财务和商业管理。两年后不辞而别，辗转考入哥伦比亚大学金融系，拜师于著名投资理论学大师本杰明·格雷厄姆。

1957年，巴菲特掌管的基金达到30万美元，年末则升至50万美元。

1962年，巴菲特合伙人公司的资本达到了720万美元，其中有100万美元是属于巴菲特个人的。

1964年，巴菲特的个人财富达到400万美元，而此时他掌管的基金已高达2200万美元。

1967年10月，巴菲特掌管的基金达到6500万美元。

1968年，巴菲特合伙人公司的股票取得了它历史上最好的成绩：增长了59%，而同期道·琼斯指数才增长了9%。巴菲特掌管的基金上升至1.04亿美元，其中属于巴菲特个人的有2500万美元。

1968年5月，当股市一片凯歌的时候，巴菲特却通知合伙人，他要隐退了。随后，他逐渐清算了巴菲特合伙人公司的几乎所有的股票。

1969年6月，股市直下，渐渐演变成了股灾，到1970年5月，每种股票都要比上年初下降50%，甚至更多。

1970~1974年，美国股市就像泄了气的皮球，没有一丝生气，持续的通货膨胀和低增长使美国经济进入了滞胀时期。然而，一度失落的巴菲特却暗自欣喜异常，因为他看到了财源即将滚滚而来——他发现了太多的便宜股票。

1973年开始，他开始在股市上蚕食《波士顿环球》股票和《华盛顿邮报》股票，他的介入使《华盛顿邮报》利润大增，每年平均增长35%。10年之后，巴菲特投入的1000万美元升值为2亿美元。

1980年，他用1.2亿美元，以每股10.96美元的单价，买进可口可乐7%的股份。到1985年，可口可乐改变了经营策略，开始抽回资金，投入饮料生产。其股票单价已涨至51.5美元，翻了5倍。

1992年，巴菲特以74美元一股购下435万股美国高技术国防工业公司——通用动力公司的股票，到年底股价上升到113美元，这让他的3.22亿美元的股票升值为4.91亿美元。

同样是投资股票，为什么巴菲特能创造如此惊人的财富，而有些投资者却"战绩平平"，甚至屡战屡亏呢？只有真正了解了巴菲特投资之道的人，才明白巴菲特被称为股神并不仅仅在于他投资积累的财富，更重要的是在于他的投资思想、理念。

我们总结出了巴菲特的投资理念，希望能让投资者借鉴。

1. 反对投机

不要投机。巴菲特常说的一句话是：拥有一只股票，期待它下个早晨就上涨是十分愚蠢的。

2. 长期持有

据统计，巴菲特对每一只股票的持有时间从没少过8年。巴菲特曾说："短期股市的预测是毒药，应该把它摆在最安全的地方，远离儿童以及那些在股市中的行为像小孩般幼稚的投资人。"

3. 把鸡蛋放在同一个篮子里

"不要把所有鸡蛋放在同一个篮子里"成为投资者规避风险的重要手段，巴菲特却认为，投资者应该把所有鸡蛋放在同一个篮子里，然后小心地看好它。

4. 选择好股

如果投资者在股市里频繁换手，那么错失良机的可能性将大大加强。巴菲特的原则是：不要频频换手，直到有好的投资对象才出手。巴菲特非常认可传奇棒球击球手特德威廉斯的话："要做一个好的击球手，你必须有好球可打。"如果没有好的投资对象，那么他宁可持有现金。

5. 投资熟悉的行业

中国有句古话叫："生意不熟不做。"巴菲特也这么认为，他向来坚持不做不熟的股票。研究过巴菲特的人能发现他永远只买一些传统行业的股票，几乎从不去碰那些高科技股。有意思的是，在2000年初，正值网络股高潮的时候，投资者争相购买，巴菲特却不为所动。大家一致认为他已经落后了，可结果却是：网络泡沫破灭，埋葬了一批疯狂的投机家。

6. 投资要有耐心

巴菲特经常这样说："投资股票致富的秘诀只有一条，买了股票以后锁在箱子里等待，耐心地等待。"

7. 逆向思维

巴菲特说："我们应该在别人贪婪的时候恐惧；在别人恐惧的时候贪婪。"股市往往是那一"小撮人"赚钱的地方，在炒股时，投资者不妨试试逆向思维，拒绝跟风，站在那一"小撮人"的行列。

8. "奥玛哈的先知"

人们把巴菲特称为"奥玛哈的先知"，因为他总是能准确地辨别哪些公司有好的发展前途。巴菲特常说，要透过窗户向前看，不能看后视镜。巴菲特评估公司内在价值的办法是计算公司未来的预期现金收入在今天值多少钱，然后寻找那些严重偏离这一价值、低价出售的公司。

9. 独立判断

60 多年的投资经验告诉巴菲特，没有任何人、任何方法能够准确预测出股价涨跌。他不相信任何股市预测专家，也不相信任何炒股软件。巴菲特说："对于未来一年后的股市走势、利率以及经济动态，我们不做任何预测。我们过去不会预测，现在不会预测，未来我们也不会预测。"

见过巴菲特的人很多，听过巴菲特演讲的人也不少，和巴菲特吃过饭、聊过天的也同样大有人在，但却没人因此成为投资大师。事实证明，巴菲特的投资经验并不能像 Word 文档那样直接复制、粘贴就能用，投资者还得把巴菲特的投资理念和股市实际情况相结合，在实际操作中逐步探索出一套属于自己的投资方法。

第七章 修炼顶底部的细节确认

抄底逃顶一直是投资者在股市赚钱的不二法门，但凡能在股市淘到金的投资者都能从大盘上识别顶部和底部，从而果断抄底，顺利逃顶。认识大盘并不是特别复杂，只要稍微学习就能掌握其中的主要知识点，要从细节上对它进行分析，所谓"一叶知秋"，大盘的某些细节变化往往能反映出股市变动的重要信息，投资者不可不引起重视。

第一节 顶部看盘技巧

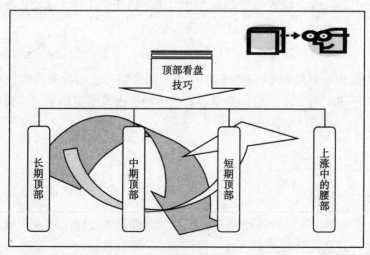

图 7-1

一、长期顶部

长期顶部的特征：

（1）市场购买力开始下降。前期多、空双方经过短兵相接，主力开始抛售而散户抢入，导致成交量激增。仅仅只是散户的购买行为是难以承接机构减仓的。后期成交量的减少，说明市场购买力已经开始下降。

（2）交易持续火热，舆论普遍看涨。在大盘即将达到顶部的时候，绝大多数股民处于盈利状态，人们进入股市的意愿空前高涨，大量资金前赴后继地涌入股市，造成股价不断上翻，人们争相竞价购买。并且绝大多数股民相信股市将会继续上涨，虽然有少数人持反对意见，但寡不敌众，微弱的利空呼声早就被疯狂的股民和更疯狂的市场所淹没。

（3）股民纷纷涌入。越来越多的新股民不断涌入市场，每个月的开户数量持续上升，在各个交易大厅几乎人满为患，甚至刚入股市的新股民都向你推荐哪只股票能赚钱。

（4）形成头肩形态。随着机构的减仓行为，市场顶部开始渐行渐现。但长期顶部的形成不是几天的事情，即使近期有暴跌，由于上涨的惯性作用，也往往会出现反弹，导致 M 头或头肩顶形态的出现。此时大盘要么开始迅速回落并偶尔反弹，要么出现明显的滞涨现象。

（5）垃圾股开始见涨。当绩优股、蓝筹股、中低价股已经连续翻番后，连一直不被市场看好的 ST 类股票也普遍出现持续涨停的现象。所有的股票仿佛都一下子"活"了，市场几乎没有低价股，市盈率高居不下，大有"一股得道，鸡犬升天"的意味。

二、中期顶部

中期顶部的特征：

（1）主流热点板块开始退潮。曾经对大盘起到主导作用的龙头板块开始出现了整理状态，其他非主流热点板块处于散乱的活跃状态，一些冷门板块也开始出现上涨行情时，这预示着后市行情开始转入调整阶段。

（2）部分庄股"夺路而逃"。由于前期涨幅较高，一些获利丰厚的庄股开始大肆减仓出货，以套取现金，缓解资金供应的压力，同时为高抛低吸、滚动获利做好准备。

（3）市场气氛依然热烈。由于大势向好，市场气氛非常火热，人气依然旺盛。即使舆论认为阶段性调整应该来临，股民也无所畏惧，反而逢低建仓。甚至一个实力不是很强的机构稍微拉动股价，就会引来大量跟风盘。

（4）政策面方面的因素。股市受政策面的影响是非常明显且立竿见影的。此时，金融政策偏暖，大盘不断消化利空的消息，同时积极追捧利多的消息。优良的宏观经济环境和宽松的政策能支持股市继续向前发展。

三、短期顶部

短期顶部的特征：

（1）股价常出现长上影线、倒锤子线等带有触顶回落的 K 线以及单日反转 K 线。

（2）出现乌云盖顶、顶部孕线、平顶、黄昏星、顶部岛型反转、三只乌鸦等看跌形态。

（3）此前，股价已经远离 5 日均线，且角度呈 75°以上势态向上快速运行了一段时间，而现在则开始回落。

（4）在顶部形成前，成交量会放大；在回调时，成交量萎缩。

（5）由于市场人气比较旺盛，热点持续不断，人们仍然积极看多。

四、上涨中的腰部

很多股民抱怨抄底抄到腰部，错失赚钱的良机。其实上涨时也有很多股民错把腰部当成顶部，在行情上涨时就匆匆出局，而后又在一片"踏空"的揪心中重新入市，从而失去大赚的机会。一般来说，形成"上涨中的腰部"是由以下原因造成的：

（1）在股价从底部上涨到一定的程度时，大量短线获利盘急于出手，旧主力则就势打压，吃掉获利回吐的筹码，促使成交量激增。等浮动筹码消灭后，股价即开始大幅上扬。于是，以前的顶部就成为现在的腰部。

（2）在股价从底部上涨到一定的程度时，由于筹码太多，主力开始减仓，同时促使跟风者与其他持股者交换筹码，以提高市场持有者的平均成本。一旦整个过程完成，个股就会继续上涨。于是，以前的顶部就成为现在的腰部。

（3）主力在第一波拉升过程完成后即开始做暂时的休整，或者察看大盘的动态，或者等待该股利好消息的出台，或者等待交易者跟上自己的节奏。一旦题材、时间、人气跟上，主力就会紧跟着发动第二波主升浪。大部分基金控制的品种即是如此的走势。于是，以前的顶部就成为现在的腰部。

我们一般用以下五点来区分腰部和顶部：

（1）顶部在盘整过程中股价重心不断下移，表现为两次以上的创近期新低，而腰部则下档支撑有力，股价不会屡创近期新低。

（2）从成交量来分析，如果上涨有量而下跌无量，能量形态较好，则此处不应是顶部。

（3）从下跌中的K线图来看，如果刻意打压的痕迹较重，则此处不应是顶部。

（4）所有的顶部，中短期均线都会组成空头排列并伴随股价的破位下行。

（5）顶部在回调过程中往往有成交量同步放大的现象，显示资金撤离，而腰部在回调时成交量萎缩会很明显。

第二节　底部看盘技巧

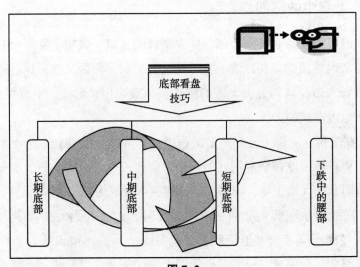

图 7-2

一、长期底部

长期底部的特征：

（1）普遍亏损。交易者普遍存在亏损现象，并且亏损幅度在 50% 以上，即使是主力机构也未能幸免，往往出现资金链断裂的"崩盘"现象。一些输得血本无归的股民甚至开始"跳楼"。

（2）快速暴跌。当顶部形成后，一旦熊市的概念出现，股市即使下跌 20% 也几乎不会出现反弹。同时，在后期阶段有加速暴跌的趋势，连日的巨幅阴线使股指快速下跌。

（3）抗跌股下跌。当绝大多数股票都已经深幅下调以后，前期一些较为抗跌的强势股也开始出现下跌行情，不管是大盘蓝筹股还是绩优股或是基金重仓扎堆股，纷纷开始破位下行。

（4）大量股民退市。新股民开户数量不断减少，亏损严重的老股民发誓再不进入股市，交易大厅几乎门可罗雀。

（5）融资功能衰竭。市场日益萎缩，交易日趋低迷，导致新股上市和增发融资被迫减少或停止，证券市场的融资功能出现衰竭或停滞。此时，往往会有重大政策性利好出现，但交易者却逢高减仓。

（6）舆论呈悲观情绪。"熊市思维"占据主导地位，就算有利好消息，股民也对此视而不见，同时抱怨之声开始蔓延。媒体舆论则不断对股市现象进行反思或抨击，呼吁出台鼓励性政策。

（7）成交量增加。在股市长期持续下跌，下跌幅度超过 50% 以后，如果市场上的成交量开始持续增加，说明有新资金开始进场，当原来想卖的终于都卖光后，市场底部就会出现。这些中长线筹码和严重套牢筹码在不计成本地抛售后，且市场有新的承接力时，说明市场已经邻近长期的重要底部。之后，市场通常会开始回暖。

二、中期底部

中期底部的特征：

（1）中期底部一般是在跌势持续时间较长，跌幅 20% 以上，之后才会出现中级反弹。

（2）中期底部的出现，一般不需要宏观基本面因素的改变，但却往往需要消息面的配合。最典型的情况是先由重大利空消息促成见底之前的加速下跌，然后再由利好消息的出现，配合市场形成触底回升走势。

（3）市场人气比较旺盛，热点持续不断，人们一致看多。

（4）股价的回调往往会比较深，但通常不超过前面上涨波幅的 50%。

（5）股价通过半个月至两个月的周期，形成了诸如头肩底、W 底、V 形底、圆弧底等形态。

（6）股价往往运行在 45 日均线之上，不会有效跌破 90 日均线。

（7）股票往往呈现上涨有量而回调无量的现象，说明抛压轻，主力没有出局。

（8）股价回调的时间往往不会太长，通常不超过 2 个月。

三、短期底部

短期底部的特征：

（1）短期底部是指股价经过短时间的连续下跌之后，导致短期技术指标超卖，从而出现股价反弹的转折点。

（2）股指每次加速下跌都会探及一个短期底部，这一反弹的时间跨度多则几周，少则几天，反弹的高度在多数情况下很难超过加速下跌的起点。

（3）股价经过长期下跌之后，借助于利好题材而产生升幅可观的反弹行情，这一反弹的时间跨度多则几个月，少则几周。

（4）短期底部以 V 形居多，形成时间最短。这种形态的爆发力最强，投资者把握得好，可以在短期内赢取暴利。

（5）短期见底之后，将有一个时间很短的反弹，反弹的时间多则三天，少则一天，反弹的高度一般不会超过急速下跌时的起点。在反弹行情中，一般低价位的三线股表现较好，而一线绩优胜的反弹幅度不大。

四、下跌中的腰部

每个股民都希望能准确地抄底，但实际交易中，很多交易者在"抄底"时往往错把腰部当做底部，失去大赚的绝佳机会。准确识别"腰部"，成为投资者盈利的必备能力。一般情况下，下跌中的"腰部"的形成是由以下原因造成的：

（1）当主力不愿在顶部继续支撑时，就会暗中派发筹码并控制交易节奏，导致股价缓慢降到某一低位，并且好像会止跌回升。而事实上，如果大盘有向好的趋势，主力会借反弹出货；如果大盘继续下跌，则主力会快速出局。如此，现在股价的底部就会成为股价的腰部。

（2）由于基金掌控的品种无法形成真正的"联合坐庄"，在大盘不好时无法控制个股股价的跌势，而一些基金一旦认为大盘仍无法扭转熊市状态，就会出现调整品种或减仓的动作。如此，曾经的股价底部就成为如今的股价腰部。

（3）由于急于出局，主力会先快速打压股价，把其他交易者套在高位而无法与之竞争出货。而后在低位制造一波反弹行情，使交易者认为股价开始止跌回升，等交易者大量抢反弹的时候，主力则趁机完成了派发工作。如此，现在的底部也会成为将来的腰部。

一般来说，我们区分腰部和底部主要有以下标准：

（1）如果能判断出熊市来临或熊市正在进行中，则底部一说不成立，可能遥遥无期。

（2）如果没有经过放量下跌的过程，要想出现底部也是不现实的，因为抛压还没有释放。

（3）如果个股从顶部急跌，且连续跌幅没有达到40%，则难以出现；即使反弹出现，也仅仅只是反弹而不是反转，真正股价底部尚待等待。

第三节　顶底部分析实战

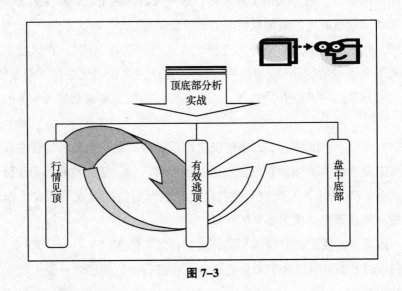

图 7-3

一、行情见顶

1. 判断顶部标准

行情见顶之后便是股价的回落或大幅下跌，为了避免惨重的损失，判断行情的见顶对于投资者来说十分关键。判断行情见顶的因素如下：

（1）特定的 K 线组合、形态和均线系统。按照股市运动的规律，一些固定的 K 线组合、形态和均线系统都会使顶部形成。这在本书前面几章已经介绍过。

（2）成交量。获利盘积攒了大量的空头能量减退了多头的买意，无力将股价推高。这种现象导致股价或成交量的单一上涨，抛压力量增强从而形成顶部。

（3）一波行情中累积了较大升幅。主力带动投资者投资从而使股票有一定的升幅，这种情况下就会有很多人跟风，大量的投资者入市使成交量增加。这时升幅已经达到一定高度，成交量达到最多，使主力有了很大的获利空间，主力会在几次高位震荡之后出货，从而造成见顶回落。

（4）大盘在弱市中反弹。在股票的弱市中出现成交放大的情况则为被套资金集中出逃的前兆，在这种情况下很可能为弱势反弹见顶信号。

（5）新股发行巨量增加。新股发行会导致趋势进入盘整阶段，但随着发行量的不断增大，新股发行速度远大于进入股市二级市场资金的速度，中长线投资者因警觉而出货，从而使股市下跌，形成顶部。

2. 行情见顶实战分析

在市场出现重大利好或没有任何消息的情况下不断拉出大阳线并连续上涨（此趋势周期一般是 5~10 个交易日，短期内大盘指数涨幅一般在 5%~10%），此行情称为脉冲式行情。其表现在 K 线图上就如人体的心电图脉冲电波一样。行情来去迅速，并且无任何预兆。脉冲行情分为猛烈拉升、做头、见顶下跌三个阶段。

发动此行情的龙头个股见顶后行情也随之见顶，投资者可根据此信息采取紧盯龙头股的方法判断行情见顶。其一般尖顶的形态，说明下跌与上升的势头同样猛烈。

投资者一般在股价拉升的前 2~3 天持股观望，但 5 天后在各媒体的鼓吹下促使大量资金买盘参与到行情中，将行情推到顶部的最高点。以此看来，其上升行情为一段套人的行情。而在股价下跌的过程中有一个最显著的特征就是一般不会出现连续的大反弹。但右边指数下跌到与左边指数启动时相对应的附近点位会出现一个反弹，此反弹一般不会太大但也不会很小。反弹阶段若环境不理想，则大盘横盘会代替上升中的反弹。此次反弹为套牢资金止损退出的时机。

图 7-4 为一个脉冲式行情，但圆圈所标注的拉升都只是下跌中的反弹，算不上是脉冲式上涨行情。矩形标注为脉冲式行情。

图 7-5 为 2002 年 6 月 24 日国有股暂停减持的特大利好出台。当即产生一波数日升幅达到 14% 的"六二四行情"。而这"六二四行情"则正是典型的脉冲式上涨行情。

图 7-6 为 2004 年 9 月 13~15 日望春花（600645）连续出现三个涨停致使大盘形成一个脉冲式行情，在 9 月 21 日见顶后行情结束。其形成原因为个股的狂飙，而基本面并没有重大消息对其产生影响。途中标注 1 为猛烈拉升阶段，2 为做头阶段，3 为见顶下跌阶段，4 为反弹。

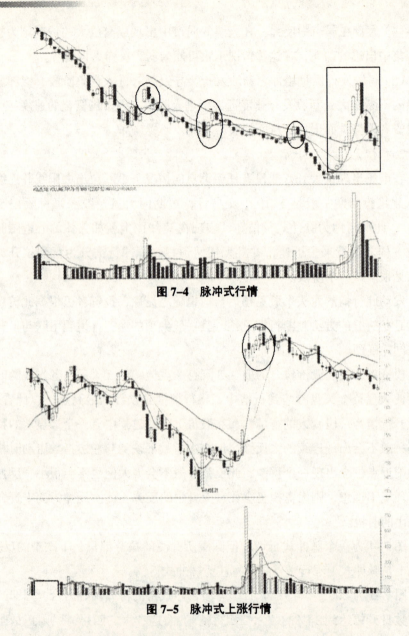

图7-4 脉冲式行情

图7-5 脉冲式上涨行情

如图7-7所示，途中的脉冲式上升行情的顶部为平台形式。

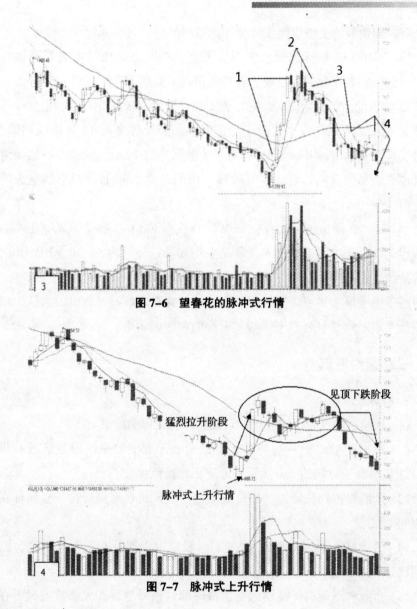

图 7-6 望春花的脉冲式行情

图 7-7 脉冲式上升行情

二、有效逃顶

下面介绍有效逃顶的四种逃顶方法。

（1）设置止盈逃顶法。这种方法需要投资者按照自己在股票市场中的经验推算出一个可能出现顶部的位置，把止盈点设在那里。或者当个股的市盈率剧增、出现量增价滞或较大涨幅的情况抛出股票。若没有经验，止盈点设定之后，即使股价上涨也要在此位置止盈出局。

（2）利用 BBI 指标逃顶。在周线图上价格跌破 BBI 时不应等到轴线收盘，应在跌破 BBI 时转为日线，若日线出现了周期下降则应马上离场。

（3）均线止损逃顶法。这种方法要求投资者只关注 10 日均线、30 日均线，分别在这两条均线上设两个止损点。弱势反弹突破 10 日均线则清仓，强势反弹突破 30 日均线则清仓。对于十分强势的个股，若在 30 日均线清仓出局也许会痛失良机，可在 5 日均线、10 日均线、30 日均线形成空头排列时止损清仓。

（4）MACD 指标逃顶。首先将 MACD 快速 EMA 参数设为 8，慢速 EMA 参数设为 13，DIF 参数设为 9，移动平均线参数分别为 5、10、30。其次在股价持续上涨出现横盘时，MACD 在 5 日、10 日移动平均线之前形成死叉，此时将手中股票卖出或进行减仓操作。若在此点之后没有股价的大跌，则可在股价大幅上升而 MACD 却未随之升高时将股票卖出。

三、盘中底部

1. 判断底部标准

（1）连续小阳线后个股股价以最高价收盘且伴随放量。

（2）总成交量处于一直萎缩状态或者处于有史以来的地量区域；周 K 线、月 K 线在长时间的上升通道中处于下轨或低位。

（3）个股股价处在低位，当日成交量巨大，出现涨停板且一直循环在开闭相间的状态。

（4）最大涨、跌幅度都为 3% 左右，股市中大部分股票都处于涨、跌轻微的状态。

（5）指数向下偏离年线越远则形成底部的信号越强。大多数情况下在年线原来的位置出现横盘抗跌或者 V 形转向则证明中级阶段性底部已经形成。

（6）虽然时有热点板块活跃，显示有资金运作，但明显缺乏持久效应，更没有阶段性领涨、领跌品种。

（7）任何消息面上轻微的利空便可以马上促使大盘走中阴线，市场人气非常冷淡。

（8）个股处于底部位置时上方抛盘极少，下方却持续出现大手笔横扫上下的抛盘和买盘。

（9）债券市场普遍出现阶段性脉冲行情，基金经理们开始一致看好国债。

2. 抄底信号

（1）很多投资者都认为反弹就是底部，从而进行抢反弹的操作。事实上，抢反弹的风险非常高。所以投资者应等待底部形态成熟后再大量买进。

（2）投资者见整个股市出现有力反弹或介入的个股拉出大阳线后切勿盲目进行操作，新的调整随时可能出现。若个股上涨激进，短线操作获利较大，可选择暂时退出，获利了结。

（3）投资者在抄底时切勿去抢 V 形底，以免被套。而应针对 W 底、圆弧底等常见的底部形态进行操作。

（4）在市场活跃初期，盘中的机会也会渐渐多起来，投资者选股时应选择大部分已经走下降通道的个股。若追高买入易遇较大风险，可选择盘中回调的强势个股，在低位买入，此操作盈利可能性较大。轻仓操作是一个较佳的选择。

（5）虽然投资者都知道价跌量缩这个道理，但需等待大指数稳定下来，即 6 日均量持续 3 天方可确认底部的形成。

如图 7-8 所示，从棕榈油主力合约日 K 线图看，期货价格成功突破整理

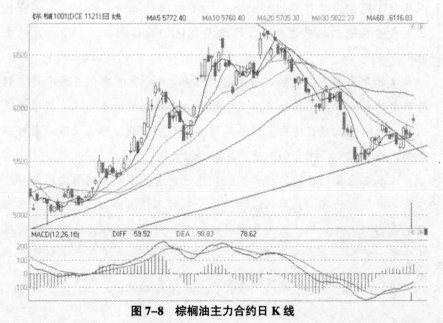

图 7-8　棕榈油主力合约日 K 线

三角形区间的上轨，并在 30 日均线之上成功报收；7 月最后一个交易日，期货价格在前期 5500~5850 震荡区间跳空高开后站稳；从 MACD 指标看，多头趋势加强，后市上涨可能性极大。

本章小结

看盘细节决定投资成败

公元前 684 年，齐军攻打鲁国，鲁庄公率军迎战。在长勺，两军相遇，鲁庄公命令击鼓进军，曹刿说："不可以。"当齐军三次击鼓后，曹刿说："可以击鼓进军了。"结果齐军大败，鲁庄公下令追击，曹刿又说："不可以。"他下了战车去察看齐军的战车在地上碾出的痕迹，又登上战车观察败退齐军的阵型，然后说："可以追击了。"于是鲁庄公下令追击，大败齐军。

鲁庄公问曹刿取胜的原因。曹刿回答说："作战，要靠勇气。第一次击鼓能够振作士兵的勇气；第二次击鼓进军士气就衰落了；第三次击鼓进军士气就衰竭了。他们的士气已经耗尽，而我们的士气正旺盛，所以战胜了他们。像齐国这样的大国，是难以预测的，我害怕他们有伏兵。我看见他们的车迹杂乱，远远望见他们战旗倒下了，所以才追击他们。"

这就是历史上著名的"曹刿论战"。战火纷飞的年代虽然已被尘封于历史的长河中，但其借鉴意义依然重大。我们假使曹刿不去观察败退的齐军的阵型就盲目追击，假使齐军确实意图埋伏，那么此战结果可想而知，弱鲁中伏，将有全军覆没甚至亡国之危。

这不正像我们股民的投资吗？散户投资者就是弱小的鲁国，而那些庄家却是强大的齐国，要想以弱胜强，不可不谨慎细心。有些投资者看到大盘形势一片大好，认为是乘胜追击的大好时机，根本没有冷静地观察分析大盘的一些细节变化，一不小心中了庄家的埋伏，小则忍痛割肉，大则血本无归……这类投资者应该学学曹刿"下视其辙"的精神。

在股市中，看盘细节决定投资的成败。在大盘中，没有任何行动是不留痕迹的，庄家对倒、拉升、出货都有迹可循，这些痕迹往往都非常隐秘，股民只能从一些蛛丝马迹中找出它们，从而做出明智的判断。在看盘中，顶部与腰部往往很难辨别，只有通过一些细节才能推断——它决定你的逃顶时机；底部和腰部有时候惊人地相似，没有细节确认就无法分辨——它决定你能否抄底成功。

大盘蕴涵了太多的信息，所有投资者的风吹草动以及亿万元资金的流向都反映在大盘上，如此庞杂的信息图需要投资者绝对的细心。一目十行，走马观花不适用于看盘；千里之堤，溃于蚁穴，看盘细节决定投资成败。

方法链接

"环球投资之父"约翰·邓普顿的投资之道

你会购买为人弃之如敝屣的股票吗？你能坚持持有这种股票4年吗？他做到了。他是谁？

他是"环球投资之父"，他开创了全球化投资的先河；他是价值投资的楷模，他将逆市操作的理念发挥得淋漓尽致。他也是第一个冲出美国，并让美国人知道海外投资好处的人。他在美国经济萧条、股市委靡的时代找到了出路，成就了奇迹，他被誉为"20世纪最伟大的操盘手"。你也许听说过他的名字，他叫约翰·邓普顿。

邓普顿1912年出生于美国一个贫困家庭，且正值美国经济大萧条时期，但家庭和社会的困境都未能阻碍邓普顿的成长。困苦的环境，给予了邓普顿坚强的毅力和刻苦的精神，为他日后的成才和成功打下了基础。

第二次世界大战初期，邓普顿开始了第一次投资，用4年的时间淘到第一桶金；1937年购买了一个公司，正式开始投资之路；1947年投身基金理财界；1968年转售了已拥有8只共同基金、资产达3亿美元的公司，建立了邓普顿成长基金；之后的 25 年，他将自己的基金做成了全球最大、最成功的共同基金集团，并于 1992 年转售；1999 年，他被美国《Money》杂志评为"本世纪当之无愧的全球最伟大的选股人"。

退休后，邓普顿则利用自己的基金活跃于各类国际性的慈善活动上。自 1972 年起，该基金每年都会给予在人文和科学研究上有卓著贡献之士丰厚的奖励，这就是举世闻名的"邓普顿奖"。

邓普顿成就了自己的丰功伟绩，也留给后人丰富的资源，他的理念为现在的人们广泛称道。

一、邓普顿的投资理念

邓普顿承袭老师格雷厄姆的价值投资法，在市场上寻找价廉物美的股票。他将投资比喻成购物，要四处比较价格，用心发掘最好的商品，因为这样可以省下一半的金钱。投资者应运用相同的概念，到全世界去买股票，这就是邓普顿的全球投资理念，其核心就在于优质和低价。

1. 重视个股品质

邓普顿的投资理念是投资而不要投机。投机可以依赖市场短期趋势做差价获益，而投资则要考虑方方面面，尤其要重视个股的品质。这也是其核心理论实践价值投资法的核心内容，在邓普顿的十六条规则中，很多成分都体现这个原则，这是邓普顿投资理念的基础。

2. 节约成本

这是投资者的共同愿望，而邓普顿则以各种技巧和策略将其发挥到极致。他的全球投资理念就是为此目的而存在着。

3. 看重实际收益

这一点往往被很多投资者忽视。邓普顿强调，投资者关注的收益应该是去除种种本金、佣金、税款，并考虑经济发展带来的货币贬值所造成的影响后的资金。

4. 保持良好的心态

所有成功的投资大师都具有良好的心态，邓普顿更是如此，他不仅自身具备了这种品质，更加明确地认识到这种品质存在的意义。在他的十六条规则中，关于投资心态的要点很多，可见其在大师心中的地位是何等重要。

二、邓普顿的投资法则

我们将邓普顿的投资法则总结如下，愿大师的经验能给股民朋友以指导。

1. 投资不投机

不要凭感觉投资，不要听内部消息来投资，而要把投资当生意来做。投资者需要根据详尽的分析，正确判断市况，保持耐性及稳定的情绪，去操作自己的投资组合。

2. 逆市投资

在邓普顿看来，在大家看好前景的时候买进股票是很愚蠢的，因为你永远都不能跑赢大市。投资者应"在所有人包括专家都感到悲观时买入，在这些人感到乐观时卖出"，完美地运用逆向操作法。

逆市投资的目的在于选择质优价廉的个股，即在调整下跌行情中保持平稳不跌甚至上升强势的个股，如逆大盘的强势股、逆板块的强势股以及逆大盘的强势板块。

3. 分散投资

邓普顿认为，分散投资于不同公司、行业及国家，分散投资于股票和债券，可以有效分散投资风险，减少投资损失，使投资者得到更好的资金安全保障。

分散投资的核心在于在投资中选择合理的投资组合，其中包括把资金分散到世界各地的方法。这种方式有利于投资者发掘世界各地具有潜力的股票，分散、降低风险，更可为投资者的资本创造稳定的长期增值实力。

4. 价值投资

投资应看重个股品质，重点应该是高品质的股票。投资者在投资前一定要认真研究这家公司，了解它制胜的原因。在股票市场的不确定因素下，高品质股票的盈利性和安全性更好，其内在价值在足够长的时间内总会体现在股价上。投资者利用这种特性，能够使本金稳定复利增长。

5. 注意实际回报

以争取最大实际回报为投资目标，即扣除税务及通货膨胀后的投资回报，这对长线投资者来说尤为重要。

6. 保持弹性

投资者要眼观六路、耳听八方，多接受不同的投资工具。对不同类型和地区的投资项目、蓝筹股、可换股债券都应保持弹性且开放的态度。保持弹性，因为没有哪类投资永远是最好的。

7. 监控自己的投资

没有一项投资是永远的，放松并不等于松懈，投资者需要预期到可能出现的改变并做出正确的回应。

8. 从容

在他人出货时，暂时不要惊慌，不要急着出货，应该研究自己的投资组合，仔细分析是否有出货的必要。

9. 谦虚

即使你现在找到一套有效的投资法则，也不等于可以一劳永逸。股市在不断变化，成功是不断地为新问题找到答案的过程。

10. 败不馁

将犯错当成学习的经验，认真找出犯错的原因以及如何避免重蹈覆辙。

11. 乐观

虽然熊市可能很长久，但股市从长远看始终会升，只有乐观的投资者才可以在股市中胜出。

第八章　吃定庄家，共舞奇迹

在庄家横行的股市里，如何才能巧妙地战胜庄家、赚取更多的利润？如何看清庄家操盘手法？本章就将告诉你如何吃定庄家、与庄共舞！

第一节　跟庄看盘技巧

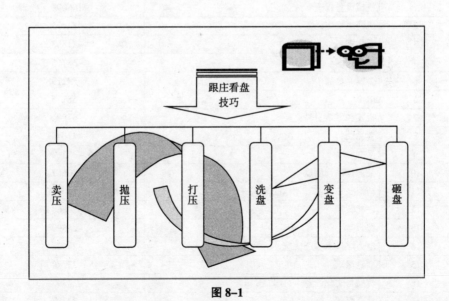

图 8-1

一、卖压

所谓的卖压是指在股市上大量抛出股票，使股价迅速下跌。

中国股市在 2010 年 1 月中旬因受到上调存款准备金率的影响，出现了大幅跳空低开的走势。以 2010 年 1 月 13 日 A 股为例，当日上证指数以 3204.98 点开盘，大幅跳空低开 68.99 点。对于 13 日的 A 股市场走势来说，市场压力主要来源于银行股、地产股等对货币政策影响敏感度较强的品种，故此类个股在早盘出现持续的卖压，从而导致大盘出现低迷的走势。

二、抛压

抛压是股市常见现象。一般是指股票上涨到一定阶段，抛售股票兑现，对股票进一步上涨形成压力。通俗地讲就是卖出股票的人太多，在某一位置积聚大量要卖出的股票，股价上涨遇到阻碍的现象。

就 2010 年的股市行情来说，各大板块的抛压都比较重。下面几份报表（表 8-1、表 8-2 及表 8-3）是全景网 2010 年 5 月 10 日的数据。

表 8-1　各大行业资金流出表

序号	资金流出行业名称（证监会行业分类）	资金流量（万元）
1	机械设备仪表	−166094
2	医药生物制品	−84496
3	石化塑料	−81853
4	信息技术	−68766
5	金属非金属	−59219
6	电子	−58175
7	批发和零售贸易	−47894
8	食品饮料	−41040
9	采掘业	−38369
10	交通运输仓储业	−30687
11	纺织服装皮毛	−30007
12	农林牧渔	−29668
13	综合类	−25890
14	电力煤气水生产供应	−24628
15	金融保险	−23729
16	传播与文化产业	−23397
17	社会服务	−22307
18	建筑业	−17295
19	造纸印刷	−14912
20	房地产	−9703
21	其他制造	−2788
22	木材家具	−1934

表 8-1 是在中国证监会分类行业中，前 22 个行业全线录得资金净流出数据。由表 8-1 我们可以看到，机械设备仪表净流出约 16.61 亿元，抛压最重。紧跟其后的是医药生物制品和石化塑料类，流出金额超过 8 亿元，抛压同样沉重。

表 8-2　个股资金流入前 10 名

排名	证券代码	证券简称	价格（元）	涨、跌（%）	资金流量（万元）
1	600150	中国船舶	68.50	5.13	5971
2	601106	中国一重	5.50	5.77	3364
3	000671	阳光城	11.84	9.83	2682
4	600050	中国联通	5.43	1.50	2593
5	600519	贵州茅台	133.75	2.88	2572
6	000665	武汉塑料	15.72	10.01	2515
7	000069	华侨城 A	11.65	2.64	2267
8	000338	潍柴动力	58.40	-0.68	2094
9	601601	中国太保	23.94	1.35	1977
10	000537	广宇发展	10.00	8.70	1972

表 8-2 是个股资金流入前 10 名的数据，其中中国船舶、中国一重、阳光城、中国联通、贵州茅台为净流入前五名。

表 8-3　个股资金流出前 10 名

排名	证券代码	证券简称	价格（元）	涨、跌（%）	资金流（万元）
1	600100	同方股份	23.95	-7.10	-11276
2	600489	中金黄金	61.86	-3.03	-8658
3	600037	歌华有线	15.65	-9.43	-6940
4	600366	宁波韵升	17.30	-9.04	-6818
5	002399	海普瑞	160.00	-10.00	-6549
6	600311	荣华实业	11.02	-4.17	-6275
7	000012	南玻 A	20.99	-5.15	-6255
8	002041	登海种业	51.08	-8.87	-6142
9	600030	中信证券	21.64	-1.81	-6106
10	600015	华夏银行	10.49	-1.13	-5856

表 8-3 是个股资金流出前 10 名的数据，其中同方股份、中金黄金、歌华有线、宁波韵升、海普瑞为净流出前五名。

对于 2010 年的中国股市来说，小盘股成为市场上的定时炸弹，仍在等待引爆。所以，在大盘短线企稳下，压力仍未得到释放，投资者操作时应谨慎，切忌盲目抢反弹。如 2010 年 6 月 29 日 A 股市场出现放量下跌的态势，上证指数在地产股、百元股等诸多品种齐跌的重压下出现了急跌的态势，且成功击穿了前期 2481 点的低点。由此可见，市场抛压有增无减。

三、打压

打压是股市常用语。所谓打压就是指庄家用非常方法将股价大幅度压低的现象。

如在股市中，某只股票连续几天出现股价攀升，当投资者都看好该股时，股价突然大跳水，开始一路下跌，致使每一个买进该股的投资者都在赔本。之所以出现这种现象，就是庄家在实施打压策略。

一旦庄家在低位买进股票，买方阵营得到加强，就会促使股价上升。如 2005 年 11 月 23 日至 12 月 1 日新希望（000876）庄家一直在刻意打压，直至 12 月 1 日打压结束后，股价在短期内飙升了将近 10 个涨停板的涨幅，如图 8-2 所示。

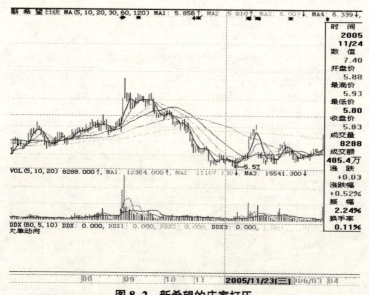

图 8-2　新希望的庄家打压

在股市中，这种打压手法是庄家常用的。再如 ST 集琦（000750）在 2006 年 4 月 24 日至 5 月 8 日这段时间里，庄家也是使用同样的手法在打压该股，直至5月9日打压结束后，股价在短期内飙升了将近6个涨停板的涨幅，如图8-3所示。

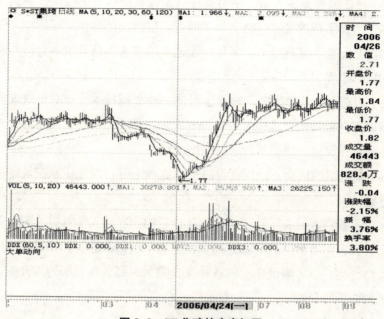

图8-3　ST 集琦的庄家打压

四、洗盘

庄家为减轻上档压力，会在中途让低价买进、意志不坚定的散户抛出股票，更重要的目的是为了拉升该股价位。洗盘动作会出现在庄家操作任何一个区域，这是庄家为了达到某些特定目的而进行的操作。

1. 洗盘目的

（1）吸引新的投资者入市跟风。庄家需要不断地吸引新的投资者入市跟风接盘，才能不断提高市场的平均持股成本，减轻股价继续上行的压力，增强新入市者的股票的稳定性。

（2）清洗底部的获利盘。若主力在吸筹之后只是一味地拉高，必然会遭受沉重的获利抛压，从而增加了主力拉高派发的难度，因此，主力必须经过洗盘这一过程，将盘中一些不坚定的底部股票震出来，以减轻上行压力。

（3）摆脱跟风的短线客。在主力吸筹这一阶段，一些精明的投资者可能会对主力的动向有所察觉而及时跟进，这是主力所不能容忍的，主力只能让这些跟风短线客获取小利，不允许他们在主力的费力拉升中坐享其成，因此，主力必须通过洗盘把短线客的股票洗出来。

（4）使庄家有差价可做。主力通过高抛低吸获取差价收益，从而降低持仓成本，增加了新的套牢一族，一举两得。这样，既增添了其后拉升股价的勇气和信心，拉大获利空间，又让市场搞不清主力的持仓成本，辨不清今后主力的出货位置。

（5）迷惑跟风的短线客。洗盘还可使一些根据技术操作的短线投资者在盲目跟风高抛低吸的过程中晕头转向。原来想在主力洗盘时高抛低吸，但结果往往是低抛高追，成了股价上行的推进器。

（6）制造出逃机会。让持股者的平均成本上升，以使庄家在最终出货时顺利逃跑。

所以，投资者只有了解了庄家的洗盘目的，在遇到洗盘时才不会手忙脚乱，只要大家保有良好的心态，抵挡住蝇头小利的诱惑，即使暂时被庄家的洗盘策略套住，不去理睬庄家的各种洗盘骗术，那么在后期的拉升中，将会获得更加丰厚的利润。

2. 洗盘阶段 K 线图的特征

（1）大幅震荡，阴线、阳线夹杂排列，股市趋势不定。

（2）成交量较无规则，但有递减趋势。

（3）常出现带上、下影线的十字星。

（4）股价一般维持在庄家持股成本区域之上。若投资者无法判断，可关注 10 日均线，非短线客则可以关注 30 日均线。

（5）根据按 K 线组合的理论分析，洗盘过程即整理过程，所以图形上也都大体显示为三角形整理、旗形整理或矩形整理等形态。

可以说，洗盘阶段是庄家折磨散户持股者的阶段。许多散户就是在这一阶段中落入庄家的陷阱。当你有顽强的心理承受力，看穿了庄家的洗盘手法并掌握了庄家洗盘阶段线图的特征时，洗盘的勾当对你来说只不过是小小的把戏而已。

洗盘过程常形成经典线图分析理论中的整理形态，或者是波浪理论中的二浪调整，就其本质而言，洗盘只不过是庄家操控下的强制性整理，自然逃不出整理形线图的模式。判断整理形态的关键就在于成交量必须是递减的，并且同时整个形态应保持在短期均线之上。

3. 洗盘方法

（1）边拉边洗。这种方式较为独特，不控压股价，而是将洗盘融于拉高过程中。每次洗盘在拉高回档中已实现，洗盘过程在当日盘中实现，日K线图往往表现为长上影阳线或长上影小阳线，如图8-4所示。

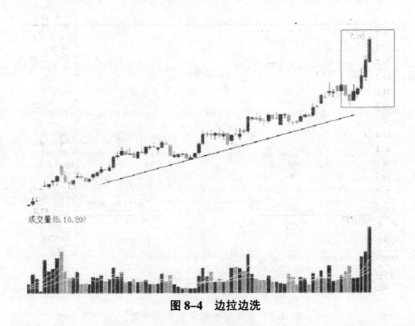

图8-4　边拉边洗

庄家采用边拉边洗方式，可缩短坐庄周期，能在较长一段时间内聚集市场人气，使其成为热门股，这种方式能使被套盘短时间内解套获利，抛出者不惜冒风险再追高。

但投资者需要了解的是，在市场的追捧下，散户的持股成本被越抬越高，这非常有利于庄家以后的派发。

（2）震荡式洗盘。震荡式洗盘是指庄家利用股价的大幅震荡赶走缺乏耐心的散户，实现其洗盘目的的一种洗盘方式。其兼有平台式洗盘和打压式洗盘的特点。

震荡式洗盘表现为：

①经常出现阴、阳K线相间，隔日收盘反差大的特征。

②一日之内价格震幅大，或表现为中等十字K线，或表现为实体较长的阴线或阳线。

③价格波幅比平台整理大，但比打压洗盘小。

图 8-5 是方大炭素（600516）2006 年 2 月 17 日庄家进行的震荡洗盘。

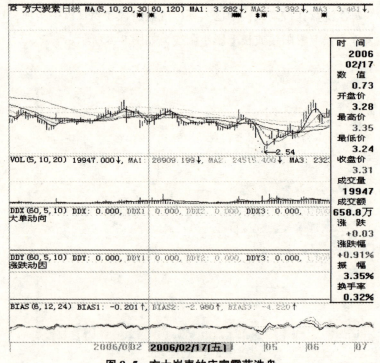

图 8-5　方大炭素的庄家震荡洗盘

（3）打压式洗盘。打压式洗盘是指庄家大幅拉高后，利用市场积累较多获利盘，当投资者有很强的获利回吐欲望时，突然反手打压，使股价大幅回落，把胆小获利者赶出场。打压式洗盘可分为两种情况：

①压盘逼空，庄家在某个价位以大量的卖盘挂出，但并不主动成交，等到市场注目、散户恐慌时，为了抢先成交而以低价挂单卖出，庄家预先在低位挂单接货，暗中买盘成交。一旦目标达到，股价当日冲高。在分时图 K 线图上，此法的技术特征不是很明显。

②打压震仓，庄家临时多翻空，大量卖盘向下倒货，在图形上形成跌势行情，破坏技术图形，使市场错误认为主力出货，持股者争先抛出手中股票，此时庄家顺势买入。

一般而言，采取打压震仓的庄家拥有非常雄厚的实力，有力量控盘，否则，不但没有较多股票打压，在散户恐慌时下档也无资金接盘，反而会使局面变得更为糟糕。

图8-6是皇台酒业（000995）庄家在拉升股价之前就采取打压式洗盘方式。

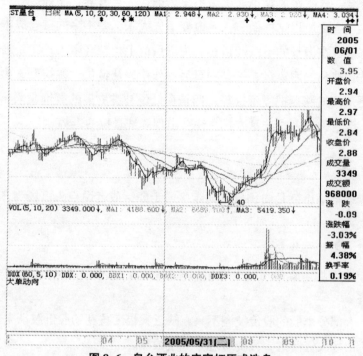

图8-6　皇台酒业的庄家打压式洗盘

（4）平台式洗盘。平台式洗盘是指庄家将股价拉抬一定幅度后，然后让该股进行横盘，利用价格平台进行整理，把缺乏耐心的投资者赶出场外。这种洗盘方式常被炒作绩优股的庄家和实力较弱的庄家使用。绩优股认同者多，庄家如采取较大幅打压方式，由于接盘踊跃，要卖较多股票，但很难在低价位捡回这些股票。

这种洗盘方式往往伴随主力的最后一次吸筹，复合因素较多。有些庄家在平台吸不到股票，便会利用手中股票向下砸盘，一方面洗盘；另一方面达到吸货目的。

（5）逼多式洗盘。这种手法主要运用于新股和次新股的炒作中。有些新股和次新股题材众多、自身素质较好，主力往往在其开盘后不久迅速收集股票。这当中除了主力收集之外，还有不少抢盘者，包括大户和散户。

为了日后炒作成功，主力往往会出人意料地抢先做空，往下回档，连拉阴线，形成"主力被套、炒作失败"的假象，由此在其持仓成本区域形成沉重的压力区，令人望而却步，即使未割肉出局的投资者也只好等待观望，不敢轻易补仓。这些跟风盘也让主力不足为虑，一旦解套，浮筹极有可能被庄家没收。主力之所以这样做，一是改变事先大家都差不多的持仓成本，使获利股票都被套在漫长的下跌通道里，为以后的上行减轻阻力；二是通过打压逼多，洗掉获利的跟风盘；三是在日后炒作中，从低位大幅拉升，再用逼空手法让更多的追涨盘把股价推高；四是在低位补进更多的廉价股票，降低持仓成本。但这种逼多式洗盘方式往往会出现暴洗暴拉的走势。

五、变盘

变盘通俗地讲就是向相反方向走牛或走熊，或者说空头市场与多头市场的转变。

1. 变盘前的市场征兆

有经验的投资者都知道市场在发生变盘前，一般都会呈现出一些特殊的市场征兆：

（1）大部分个股的股价波澜不兴，缺乏大幅度盈利的股价波动空间。

（2）市场人气涣散，投资者观望气氛浓厚。

（3）投资热点平淡，既没有强悍的领涨板块，也没有聚拢人气的龙头个股。

（4）表现在K线形态上，就是K线实体较小，经常有多个或连续性的小阴小阳线，并且其间经常出现十字星走势。

（5）增量资金入市犹豫，成交量明显趋于萎缩，并且不时出现地量。

（6）指数在某一狭小区域内保持横盘震荡整理走势，市场处于上下两难境地，涨跌空间均有限的环境中。

2. 影响变盘的因素

在市场变盘中，投资者最关心的还是变盘之后的趋势究竟是向上突破还是向下跌破。而这两种走向取决于市场多种因素：

（1）观察股指所处位置，即股指是处于高位，还是低位。

（2）观察市场资金的流动方向，以及进入资金的实力和性质，通常大盘指标股的异动极有可能意味着市场将出现向上变盘的可能。

（3）股市在出现变盘预兆特征以前是上涨的还是下跌的。判断是因为上涨行情发展到强弩之末出现多空平衡，还是因为下跌行情发展到做空动能衰竭而产生的平衡。上涨中的平衡要观察市场能否聚集新的做多能量来判断向上突破的可能性，而下跌中的平衡比较容易形成向上变盘。

（4）观察主流热点板块在盘中是否有大笔买卖单异动，关注板块中的龙头个股是否能崛起。如果仅仅是冷门股补涨或超跌股强劲反弹往往不足以引发向上变盘。

3. 变盘研判

（1）价格变动。变盘的目的是为了清仓出货，所以，其走势特征较温和，以一种缓慢的下跌速度来麻痹投资者的警惕性，使投资者在类似"温水煮青蛙"的跌市中，不知不觉地陷入深套。

（2）成交量。变盘时成交量的特征则完全不同，变盘在股价出现滞涨现象时成交量较大，且在股价转入下跌走势后，成交量依然不见明显缩小。

（3）持续时间。变盘的时候，股价即使超出这个时间段，仍然会表现出不温不火的震荡整理走势或缓慢阴跌走势。

（4）成交密集区。变盘通常与成交密集区有一定的关系，如果股价逼近上档套牢股票的成交密集区时遇到阻力，那么，出现变盘的概率比较大。

通过 K 线图，我们可以发现某些个股的变盘信号。如 2009 年 1 月中旬钢铁板块的表现就十分活跃，以包钢股份（600010）为例，该股自 2009 年 1 月中旬后就开始变盘，如图 8-7 所示。

六、砸盘

某只股票的股价目前价位是 11 元，买卖双方在这个价位争夺，突然有 5000 手在 7.9 元成交，这种现象就是砸盘。

根据市场经验，砸盘一般分为两种：一种是上升过程中，庄家要对跟风股票做一次清洗，在某个价格大幅度抛空股票，造成下跌假象，引诱散户和跟风者卖出；另一种发生在某个股票庄家完成了坐庄的目的，股价相当高的时候，庄家通过大幅度抛出股票砸盘，达到出逃的目的。

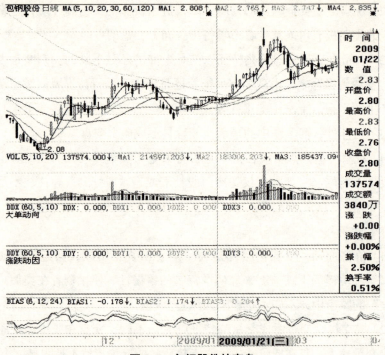

图 8-7　包钢股份的变盘

在股市操作中，砸盘是震仓的一种，其主要目的是庄家为了减轻日后拉升时的抛压和降低拉升成本先清洗市场上的浮筹。在技术及运用手法上主要有如下表现：

1. 在技术特点上

（1）经常莫名其妙地进行打压，但会很快（突然）止跌。

（2）故意制造股价疲软的假象，但一般不会有效下破某一支撑位（如 10 日、20 日均线）。

（3）洗盘时间一般不超过两周，在这段时间内股价经常上下震荡，但下跌幅度往往不深。比较典型的走势图有哈慈股份（600752）在 1998 年 4 月 13 日至 5 月上旬形成的走势图。

2. 在运用手法上

（1）打压洗盘。先行拉高之后实施反手打压，但一般在低位停留的时间（或天数）不会太长，如图 8-8 所示。

图 8-8 是飞乐股份（600654）机构从 1998 年 8 月 19 日至 8 月 25 日采用砸盘手法即为向下打压洗盘。

图 8-8　飞乐股份的打压洗盘

（2）边拉边洗。在拉高过程中伴随着回档，将不坚定者震出。

山东海龙（000677）在 1998 年 8 月份的 24 日、28 日及 31 日所出现的走势就是采用边拉边洗的方式形成的，如图 8-9 所示。

（3）大幅回落。一般发生在大势调整时，机构会顺势而为，借机低吸廉价筹码。投机股经常运用这种手法，盘中机构已获利颇丰。

（4）横盘筑平台。在拉升过程中突然停止做多，使缺乏耐心者出局，一般持续时间相对较长。如图 8-10 所示的信达地产（600657），庄家拉升至 1998 年 5 月下旬之后才开始进行平台整理，直到 7 月份再度向上拉升。

（5）上下震荡。此手法较为常见，即维系一个波动区间，并让投资者摸不清庄家的炒作节奏。如图 8-11 所示的新疆天业（600075），从 1998 年 3 月 16 日至 3 月底的走势及 5 月上旬至 8 月下旬的走势都属于上下震荡式洗盘。

有经验的投资者也非常留意砸盘时盘面变换情况。如在中、低价区域会经常出现带上下影线的十字星，或日 K 线组合呈现阴阳相间的走势。我们还以飞乐股份（600654）在 1998 年 9 月 1 日、2 日为例（见图 8-12）。在砸盘

图8-9　山东海龙的边拉边洗

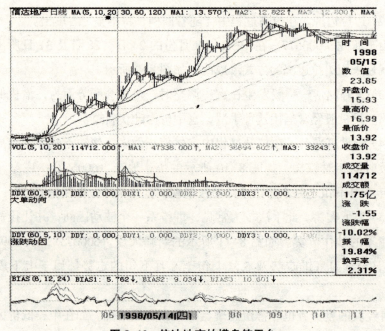

图8-10　信达地产的横盘筑平台

中反映盘面特征的例子有很多，再如中路股份（600818）在 1998 年 9 月中旬日 K 线所示的形态（见图 8-13）。

图 8-11 新疆天业的上下震荡

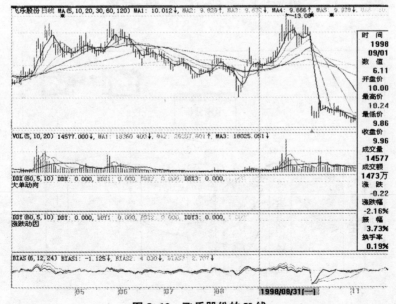

图 8-12 飞乐股份的 K 线

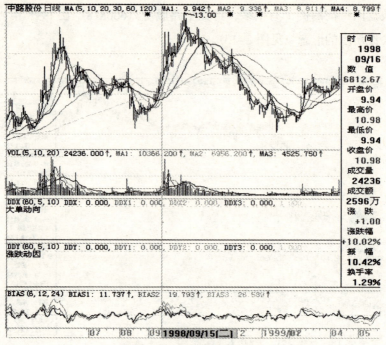

图 8-13 中路股份的 K 线

第二节 跟庄分析实战

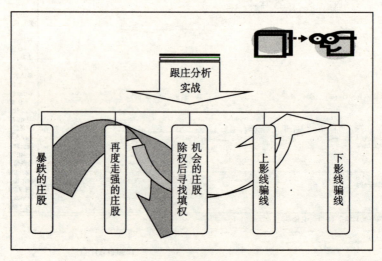

图 8-14

在市场中，跟随主力获利已成为股市短线投资者的"圣经"，但是投资者如何选定庄股，找到好时机是获利的前提。面对主力虚虚实实、欲涨先跌及以退为进等操作手法时，投资者怎样才能拨开迷雾、辨别真伪呢？本节将告诉你如何揭开谜底，成为股市的大赢家。

一、暴跌的庄股

股市上大部分庄股还是会与大盘共进退的，但也有不少另类股票逆势而动，如部分抗跌性较强的庄股。在大盘暴跌的时候，这类强庄股暴跌的幅度要超过大盘，而大盘止跌企稳后，这类股票常会走出强悍的技术走势。分析人士指出，市场中之所以会出现庄股暴跌，主要是盘中主力在利用大盘下跌的过程中对浮筹进行震荡整理，从而夯实其上升空间的基础。在综合长期市场经验的基础上，分析人士指出促使庄股暴跌的几个重要因素：

1. 主动跌停出货

主动性下跌，是以牺牲盈利空间换取流通性为目标的，这是部分高控盘庄股常常采用的一种操盘手法。

从市场经验来看，庄家在运用这种主动跌停的方式时，一般都会做足前期准备。

（1）通过拉升，预留足够的利润空间，然后通过拉升过程及高位置的震荡，使散户持有的小比例筹码不断在不同投资者中换手，最后造成新投资者持股成本高企。

（2）一旦时机成熟，主力就突然主动连续跌停，散户在高位换手获得筹码因亏损严重而不愿继续杀跌，而主力会通过对倒制造反弹假象，诱惑投资者介入。

根据庄家的第二点准备，市场上往往有三种表现形式：

①如果投资者买入的多，则帮机构成功出货。

②第二天立刻来个大幅低开，使介入的投资者全部套牢。

③如果投资者买入的少，则顺势继续拉高，再周而复始直到套现任务基本完成为止。

2. 被动跌停崩盘

庄股被动性的跌停，是指非主力自愿，由于外围环境逼迫不得不自动消化股价泡沫的现象。造成跌停的导火索有很多，比较典型的有以下四种：

（1）因为主力内乱，造成锁仓联盟崩溃而带来的跌停。

（2）操纵股价的行为被监管层发觉，受到处罚带来的股价崩溃。

（3）公司基本面突然出现改变，使支撑股价的基础坍塌而带来的雪崩。

（4）因炒作资金后继不足，而难以维持高位股价造成的价格回归，等等。

所以说，暴跌性质的股票不仅出现在类似受大盘影响而出现的暴跌，还受到上市公司不配合以及其他一些因素的影响。

专家指出，对暴跌的庄股投资者应该结合以下两方面情况进行短线操作：

（1）观察其杀跌的凶悍程度与拉升的力度。一旦发现前期曾经持续下跌的股票形成上升趋势以后，应该迅速介入，从中获取短线利润。

（2）观察其下跌过程中成交量的情况。不少强庄股在暴跌过程中成交量却不会减少，这类股票只要不缩量，短线机会就会增加。

大跌之后隐藏有主力的股票走势呈现以下三个特点：

（1）个股分化明显。股价提升的机会并不是均等的，只有在上一波行情中有主力介入、在调整期没有放量下跌，平台整理充分的个股才有获得"提升"的机会。那些长期走弱、人气涣散的个股即使有反弹，也是弱反弹，短线操作获利小、风险大。

（2）升势急促。主力为了不让散户抢到便宜货，常会迅速拉升。不少个股在几天内收复数个月的失地，短线投资者宜当机立断，时机往往稍纵即逝。

（3）庄股轮涨特征明显。短线投资者假如能够把握个股的轮炒节奏必有可观利润。

如图 8-15 是中天城投（000540）在 2003 年的上半年走势呈现暴跌走势。

二、再度走强的庄股

股市中的强庄股往往是中小投资者追逐的目标。通常强庄都有一个先决条件：强庄的手中必须有雄厚的资金实力。投资者如何判定强庄？不外乎以下四个方面：

（1）抗跌性较强。大盘下跌是主力实力的试金石。若是强庄股，主力控制了大部分筹码，大盘下跌时不会乱了阵脚，具有良好的抗跌性。特别是大盘在较长时间内都处于调整期，若某只股票一直屹立不倒，其中必然埋伏着

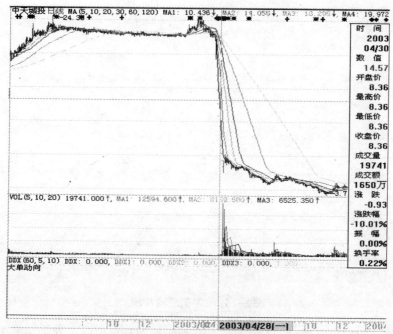

图 8-15 中天城投的暴跌庄股

强庄。

（2）行情的前瞻性。一个成功的主力一定善于打提前量。也就是说，成功的主力对大盘的走势会有准确的把握，它善于在跌势末期勇敢建仓，在行情初期提前出击，在行情火爆时功成身退。

（3）筹码集中度大。人均持股越大，筹码集中度越高；人均持股越少，筹码就越分散。一般来说，如果某只股票人均持股超过 3000 股，就可视为庄股。如果某只股票人均持股较大且呈现集中趋势，说明主力在不断增仓，后市应该看好。

（4）独立的走势。一般来说，如果某只股票的 K 线图与大盘不一致，说明该股有资金介入运作。而个股走势与大盘走势偏离得越远，说明主力的实力越非同一般。

在股市中，有很多强庄股常会在上涨至一定的价位后，短期内出现较大的回落走势，如图 8-16 所示的 *ST 国发（600538）的日 K 线。

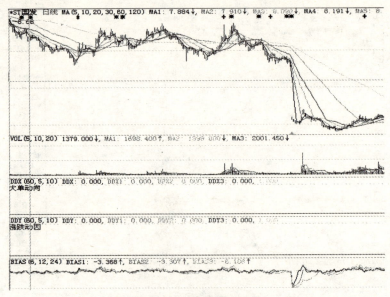

图 8-16   *ST 国发的 K 线

综上我们可以看出，尤其是一些庄股短线明显见顶后，常会在成交量的配合下，表现出放量下挫走势。所以，投资者在短线的操作上要特别关注这类股票，需要多留意一些短线暴涨、成交量持续放大的庄股。

三、除权后寻找填权机会的庄股

在股市中，庄股的出货时机一般都会选择在除权之后，主要是因为之前价位拉升得过高，庄股很难将所有股票抛掉。面对这样的情况，相对于短线投资者而言，他们相信在除权之后买入的风险较低。或者还有一种可能，就是认为操作的个股还存在较大的填权空间。站在主力的立场看，主力要想吸引更多的投资者，就必须拉高股价，有时他们还要求上市公司配合公布送股的利好消息。

久战股场的投资者都应有这样一种体会，主力在除权后，并不会立即出货，而是等到股价稳定，甚至大盘进入强势市场之后。他们会在盘中造成一种填权的气势迷惑投资者。随着成交量的不断放大，该股主力在众多投资者介入时就可顺利出局。

分析人士指出，主力利用这种方式出货，最大的受害者就是做短线的投资者。从操作手法上来说，填权的过程就是主力减仓的过程。如果投资者想介入这类股票，通常需要满足以下条件：

（1）大盘位于极强的走势中，在大牛市时代，主力会充分利用除权后填满权的想象进行炒作。

（2）在弱势市场中，除权类的股票通常都会出现贴权的现象。

（3）依据成交量情况选择介入时机。如果发现某强庄股在除权后成交量不明显，投资者可以在其拉阴线的过程中介入；如果该股在除权后成交量呈明显放大之势，短线操作者不能买进，只能选择出局，这样才能有效保护自身利益。

一般情况下，对前期在高位横向整理的强庄股，在其除权后，只要成交量仍然处于前期的水平，就可以逢低吸纳，随后在其成交量放出后出局。

投资者在介入除权类股票时，除了看成交量变化外，还要研究该股在前阶段的股性，选择股性极佳的股票介入，而股性呆滞的股票最好不要介入。

跟庄操作时，投资者应注意以下三方面：

（1）选准实力强大的强庄股。

（2）准确捕捉跟随主力获利的机会。

（3）找好跟进买入的最佳切入点。

图 8-17 是山东黄金（600547）在除权后的走势。

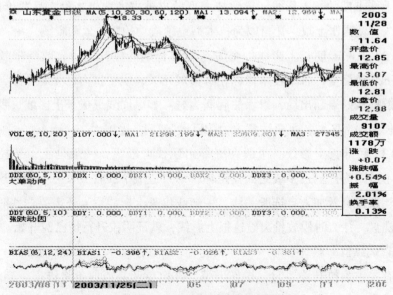

图 8-17　山东黄金除权后走势

四、上影线骗线

上影线是影线形态之一。长上影线是由于攻击受阻回落而形成的，可以这样理解：买方力量一度非常强大，将股价大幅拉升，但是在随后多空力量的争斗中空方占了上风，将多方苦心经营的成果夺回，使股价大幅回调。

其实，长上影线通常只是主力制造的一个假象，是主力用来诱使投资者跟风追涨的买盘，实际是为了掩护自己出货，也就是我们常说的多头陷阱。

在股市行情中主力利用上影线骗线主要包括以下三种形式：

1. 震仓型上影线

这种上影线经常发生在一些刚刚启动不久的个股身上，有些主力为了洗盘，震仓，往往用上影线吓出不坚定持仓者，吓退欲跟进者。投资者操作此类股票，要看 K 线组合，而不要太关注单日的 K 线。

2. 半力拉出的长上影线

长上影线在个股不同的阶段，其表示意义也不尽相同。怎样才能很好地利用上影线识破主力的"骗局"呢？下面我们介绍一下长上影线的几种形态及其操作。

（1）上涨中期长上影线。个股在上涨中期出现长上影线，可让散户误认为是上涨末期的长上影线，导致技术型散户被主力洗出，第二日股价回调，但不久，便再次上攻，让自以为技术型逃顶成功的散户大跌眼镜。

（2）上涨末期长上影线。个股在经过长期的拉升之后，收一根长上影线，下跌放巨量，各个技术指标相继形成死叉，说明主力已无心再战，这个时候散户最好果断出局，以保住利润为好。如果周线形成长上影线，那就可形成长期顶部区域，更要注意主力的巨大骗局。

（3）底部长上影线。个股在底部出现长上影线，一般是主力想拉升个股。不过因为抛盘过多或是大盘走坏，结果造成个股收成长上影线。这个时候，建议投资者加入自选股关注，一般收出长上影线后，还需要一些时间来震荡洗盘，什么时候放量突破这根上影线，就证明拉升行情已经开始。

3. 试组型上影线

有些主力拉升股票时，操作谨慎，在欲创新高或股价将进入一高点时，均要试盘，用上影线试探上方抛压。试盘是上影线的一种成因。主力在拉新高或冲阻力位时都可能试盘，以试探上方的抛压大小。

如果上影线长，但是成交量并没有放大，同时股价始终在某个区域内收带上影线的 K 线，那么主力试盘的可能性就很大。

如果试盘后个股放量上扬，则可放心持股；如果试盘之后转入下跌，那么则证明主力试出上方确有抛压，此时可抛股，一般在更低位可以接回。值得注意的是，如果长上影线发生在个股大涨之后，那么后市下跌的可能性比较大。

五、下影线骗线

下影线表示下方支撑比较强，在强势市场中，有些机构资金实力不是很强，为制造骗局，他们在其炒作的股票中制造一个或几个单日的长下影线。某只股票在盘中突然出现一笔莫名其妙的、价位极低、手数较大的成交，而后恢复平静，长下影线由此产生。这是其中主力在向广大散户发出"支撑力强"的信号，一般这种股票由于主力实力不是很强，表现不会突出。应注意真正有大主力的个股是不会在底部显山露水，让投资者觉察"支撑力强"的。

有时，个股在交易中大幅下挫，尾市收高，在日 K 线图上留下长下影线，如果散户股民简单认为这是股价见底，下档支撑力强，反弹在即，则可能会吃大亏。此时只要打开每日合时走势图就会发现，此类股票往往全天均处于阴跌之中，而只有在首盘的瞬间出现了一笔奇怪的资金将股价上拉形成带长下影线的 K 线。遇到此类股票，散户朋友还是早些离场观望为好。这是主力在派发阶段利用尾市收盘几分钟快速拉高股价，留下长下影线，以引诱跟风盘的出货手法，这才是真正的盘面语言，散户股民朋友对此应多加提防。

个股在长期阴跌或大幅下挫后，然后出现 T 字线，这种情况往往表明该股有可能止跌回升，且后市有较大的涨幅。实战经验表明，T 字 K 线止跌回升的技术意义，通常有以下五种情形：

（1）T 字 K 线的实体部分越小，下影线越长，止跌的作用就越明显。

（2）股价下跌的时间越长，幅度越大，T 字 K 线见底的信号就越明确。

（3）T 字 K 线不论是阳线还是阴线，实战意义基本上都是相同的。

（4）底部见 T 字 K 线，对短线炒作者来说，是抢先介入的好时机。

（5）T 字 K 线是庄股防守反击形成的一种 K 线形态，但在下跌趋势中，主力有时会利用它来作为一种骗线信号，实际上跌势并未止住。而在上升趋势中，则是主力回档洗盘的伎俩。

　　股市中主力与中小散户经常玩猫捉老鼠的游戏。如何才能识别主力的骗局，没有一定的谋略与智慧是很难做到的。面对主力种种骗线行为，散户要精心思考，要仔细分析整个大盘的走势，不要被主力的一时震荡所惑。该出手的时候就不应太迟，该持股的时候就不应恐慌。

本章小结

识破主力行为，做股市赢家

　　炒股，为什么要在股票前面加个炒字呢？其实正式的叫法应该是投资股票。既然是一种投资，那么肯定希望产生收益。但事实并非如此，很多股民到最后结算时往往都是亏损的，那么钱都跑到哪里去了？股市流动着的亿万元财富能如水汽一般凭空蒸发吗？肯定不能。这些钱都跑进少数人的腰包里了，这些"少数人"拥有雄厚的资金、高超的技术、层出不穷的炒作手段。在股市，他们被称为主力抑或庄家。

　　普通散户想在股市赚钱，必须有识破主力炒作股票的能力，这已经成为股市散户的共识。"我们没有庄家的财大气粗，没有庄家的强大的关系网，也没有他们那么专业的信息收集功能，但是我们必须具有跟他们一样甚至更专业的技术水平，否则我们很难赢利。"一位善于跟庄的散户跟朋友总结炒股经验时说道。

　　的确，庄家的对倒、炒作、出货都是有规律的，老练的股民往往能从技术面、盘口上发现庄家的一举一动，从而顺势坐轿子，何乐而不为？华尔街的一位资深股民曾自豪地宣称：只要给我一张K线图，我就能知道庄家在干什么……事实证明，庄家并不是不可战胜的，庄家的操作手段也不是了无痕迹，广大散户只要能熟练运用读盘、看盘的一些技巧，练就从大盘上发现庄家动向的能力，那么你离赚钱已经很近了。

　　风萧萧兮易水寒，壮士一去兮不复还，这是描写荆轲刺秦王的悲壮。其实我们很多股民跟荆轲一样悲壮：股市震荡兮股指跌，本金一去今不复还。荆轲刺秦王，在图穷匕见之时功亏一篑，但是他无愧于勇士，他铮铮铁骨的侠义精神为后人所敬仰，而我们的一些股民却没有这样的勇气。庄家往往具有"秦王"的实力，散户想与庄家争食，不但需要扎实的技术功底，还需要有不气馁的勇气。

我们回顾一下那些在股市大赚的散户，如杨百万、刘芳，他们没有一个是完全靠运气成为股市大赢家的。他们眼光独到、洞若观火，庄家的任何操作手段在他们面前都无所遁形。学会看盘，掌握看盘，运用看盘，练就从大盘识别主力意图的能力，才能成为股市中的大赢家。

方法链接

股王威廉·欧奈尔的投资之道

欧奈尔出生于美国俄克拉荷马州，21岁那年，欧奈尔以500美元买了5股宝洁公司的股票，这是他生平的第一次投资。1958年，他在海顿一家股票经纪公司担任股票经纪人，从那时起，他开始了对股票的研究工作。1962~1963年，他通过克莱斯勒、Syntex等两三只股票的交易，把投入的原始本金——500美元，增加到了20万美元。20世纪60年代初，正当而立之年的欧奈尔用在股市中的收益为自己在纽约证券交易所购买了一个席位，并成立了一家以他名字命名的专门从事机构投资的股票经纪公司——欧奈尔公司。

欧奈尔是全球600位基金经理人的投资顾问，并且担任资产超过2亿美元的新美国共同基金的基金经理人，他的主要投资技巧、理念以及选股方法在其著作《笑傲股市》里有详细讲解。

威廉·欧奈尔的投资技巧：

（1）威廉·欧奈尔在《笑傲股市》中提出了CAN SLIM选股方法。欧奈尔认为："无论是股市新手还是老手，都不要投资最近一季度每股收益较去年同期增长率未达到18%或20%的股票。通过对股票市场最成功的公司的研究，我们发现，这些公司在股价大幅度上涨之前，当季度每股收益都有大幅度的增长。许多成功的投资人都将当季度每股收益增长率达到25%或30%作为选择股票的最低标准。如果近几个季度的每股收益较去年同期都有明显增长，那么更有可能确保投资的成功率。"

"在牛市行情里，我喜欢大量买进每股收益增长率为40%~500%黑马股。既然你有成千上万的股票可以选择，为什么不选择投资那些最好的股票呢？"

（2）欧奈尔建议搜索那些在过去3年里每年增长率为25%的强势公司，建议不要买相对价格强度低于70%的任何一只股票，只寻找相对价格强度排列在80%或更靠前的股票——比所有股票的80%表现都要好。

"一只好的股票，过去3年里每年每股收益都应该较上一年度有显著的增长。通常不希望其中第二年的每股收益增长率稍稍滑落，即便它能够在下一年内得到回升，甚至达到历史新高。一只股票，如果在过去几个季度保持着较高的季度每股收益，而且过去几年中有着很好的历史增长纪录，那么这只股票必将成为或者至少可能成为大牛股。"

（3）欧奈尔建议，个人投资者应当投资于以下两类股票：一是在最近几个季度内持有某只股票的机构投资者数量明显增多的股票；二是那些至少由几家优秀的机构投资者（其业绩超过市场近期平均业绩）持有的股票。

欧奈尔说："一只表现很好的股票不需要大量的机构投资者眷顾，但至少应该有几家。一只股票拥有机构投资者数目的最小合理值应当是十家，尽管大多数股票拥有的机构投资者数量远远大于十家。如果一只股票缺乏机构投资者的认同，那么一般来说它的业绩表现就会非常一般。即使一只股票只被上千机构投资者中的少数几家光顾，而且后来证实他们的买进决策是错误的，大量客观的买进仍会推动该股价格大幅上升。"

（4）欧奈尔在购买股票方面坚持这样的原则："股市赢家法则是不买落后股、不买平庸股，全心全力锁定领导股。"他认为："主流类中的股票常常能涨得惊天动地。但其他平庸个股却连一丝涟漪都不会起。"

（5）跟其他所有投资大师一样，欧奈尔也认为在购买股票前需要进行认真的研究，"不要懵懵懂懂地随意买股票，要在投资前扎实地做一些功课，才能成功。"

（6）欧奈尔只相信市场，他认为"市场自己会说话，市场永远是对的，凡是轻视市场能力的人，终究会吃亏的"。

欧奈尔认为作为一个合格的投资者首先应该是一位乐观主义者，他认为自己就是一位毫无保留的乐观主义者，他自信、执著，对美国经济前景极为乐观。他坚持这样的信念："有勇气，有信心，不要轻言放弃。股市中每年都有机会。让自己时刻准备着，随时去抓住。你会发现一粒小小的种子会长成参天大树。只要持之以恒，并付诸辛勤的劳动，梦想就会实现。自我的决心是走向成功的决定性因素。"

附　录

附录一　如何利用大智慧软件看大盘

　　大智慧是一个集行情揭示、简讯咨询、技术分析和盘面检测等功能于一体的软件平台。它使用广，用户多，并且信息齐全，能够将证券、期货以及外汇等有机结合在一起，是投资者的投资武器。

　　如果是新用户，可点击当前页面"登录"对话框的"注册新用户"，然后跳出大智慧注册向导。其具体步骤如下（见附图1）：

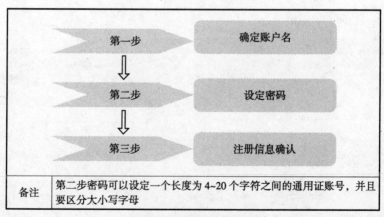

第一步	确定账户名
第二步	设定密码
第三步	注册信息确认
备注	第二步密码可以设定一个长度为4~20个字符之间的通用证账号，并且要区分大小写字母

附图1　大智慧登录步骤

　　进行完以上操作后，一个新的账号即将产生，投资者可以利用其进行看盘操作。那么，利用大智慧软件如何看股市大盘？

一、如何看大盘分时走势图

如果投资者想要通过大智慧快速地切换到上海证券交易所的大盘走势，可按 F3 快捷键。若想看深圳证券交易所的大盘走势图可按 F4 快捷键。它可用两种图像表示，参见附图 2 及附图 3。

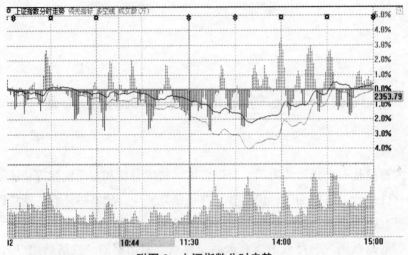

附图 2　上证指数分时走势

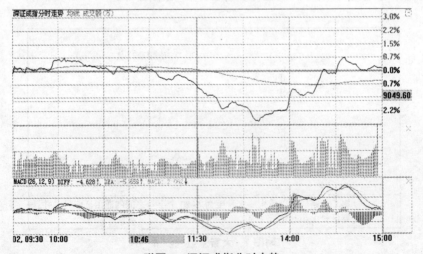

附图 3　深证成指分时走势

二、如何看大盘的 K 线图

进入"大盘分时走势"界面后，按 Enter 键便可浏览大盘 K 线图。按（↑）、（↓）可放大缩小图形，按（←）、（→）可移动查看历史的 K 线走势。按 Esc 键可退回大盘分时走势。如果要在大盘的分时走势图和 K 线图之间进行切换，可按 F5 快捷键进行操作，如附图 4 所示。

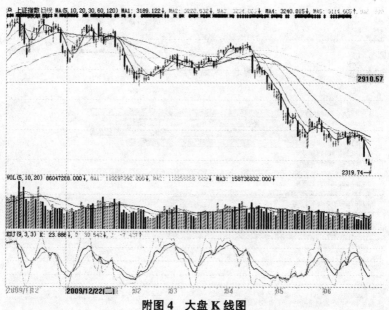

附图 4　大盘 K 线图

在大盘 K 线图的界面下，可查看大盘分时成交明细表（按 F1 键或是 01＋Enter），如附图 5 所示；同样也可查看分价成交明细表（按 F2 键或是 02＋Enter），如附图 6 所示。行情在采集期间累计的成交量和最后的成交价每隔 6 秒钟更新一次。

如果想要查看当天的股市信息可按 F10。

三、如何看大盘行情

行情报价可分为分类报价、智慧排行、综合排名、多股同列、自选报价。其主要的操作方法如下：

按 0＋Enter 后选择相应的报价或是通过鼠标左键选择"行情"中的某一

附图 5   大盘分时成交明细

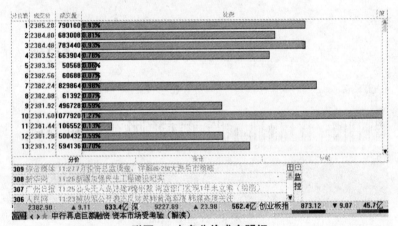

附图 6   大盘分价成交明细

选项即可操作。或是通过（↑）、（↓）键选取想要的内容，然后按 Enter 键
进行确认操作。Enter 键可以循环切换个股分时走势图、K 线图、行情列表
的界面。按（←）、（→）可以移动查看行情列表中的数据。默认系统是按照
股票的代码排列，如输入 61 或是 63 即可查看上证和深证 A 股按涨幅排名的
情况，然后在"涨跌幅"处单击鼠标左键，即可查看涨跌幅的股票。一般的
屏幕只显示 29 只股票，但可以单击 Page Up 键或是 Page Down 键进行上下翻
页查看。

四、如何看大盘当日综合排名

如果想要通过大智慧软件查看股票当日的涨幅、跌幅、震幅综合排名可

以按照以下步骤进行操作：

点击数字 81、82、83、84、85、86 以及中小板块 89 即可分别弹出上海 A 股、B 股，深圳 A 股、B 股，上证国债、深证国债等的综合排名。系统会用 9 个排成方阵的小窗列出所选股票的涨幅、跌幅、振幅等前几名的排名状况。在某一个窗口锁定某只股票，然后用鼠标左键进行双击就可查看该股票的分时走势图。

五、如何查看分类指数

大智慧软件将不同类别的指数进行分类，如果看到不同类别的指数时，在大盘 K 线图的界面下按 Enter 键便可进入指数排行列表。按 Esc 键退回大盘分时走势图中。也可以按（↑）、（↓）键查看下一个不同列别的指数，按 Page Up 或是 Page Down 进行上下翻页查看。同时还可以用鼠标左键单击涨跌幅，此时涨跌幅的颜色变红，各类指数将会按照涨跌幅的降序排列，再次单击涨跌幅颜色变绿，各类指标按升序排列。

六、利用大智慧了解个股大单买卖的数据

进入大盘的日线图和分时图的界面后，可发现在屏幕的右下角和指数并列的地方新增了"大单"功能选项，按住键盘"+"号即可切换到大单界面，它在沪深大盘分时走势的界面提供了个股买卖的数据。

附表1 大智慧软件常用快捷键一览表

Alt+D	除权标记	F1	个股分时成交明细表
Alt+I	信息地雷标记	F2	个股分价成交明细表
Alt+H	当前帮助	F3	上证领先
Alt+M	最高、最低标记	F4	深证领先
Alt+X	自选设定	F5	实时走势图
Alt+F1	个股概况	F6	查看个股
Alt+F2	板块监测	F7	K 线画面下的指标参数设定
Alt+F5	静态分析	F8	分析周期切换
Alt+F7	自定义指标参数	F9	K 线画面下画线工具
Alt+F9	画线工具选择	F10	个股概况
Alt+F12	自助委托	F12	自助委托
Ctrl+D	清除画线	/	切换指标
Ctrl+F	手动复权	Shift+Tab	画面坐标变换

续表

Ctrl+Q	区间统计	0+Enter	系统功能菜单
Ctrl+P	开启、暂停自动翻页	19+Enter	市盈率排行
Ctrl+R	向前复权	13+Enter	成交量排行
Ctrl+T	向后复权	11+Enter	涨幅排行
888	智慧投票箱	12+Enter	振幅排行
14+Enter	现手排行	20+Enter	股价排行
15+Enter	量比排行	17+Enter	委比排行

附录二　操盘 K 线技术口诀一览表

附表 2　操盘 K 线技术口诀一览表

K 线语言打天下，股海遨游我老大。	K 线语言信号明，离场速度就它行。
乌云盖顶狂风吹，乌云压城城欲摧。	倾盆大雨太毒辣，下跌趋势人人怕。
顶部升起螺旋桨，落地就要把你绑。	双飞乌鸦空中叫，顶部转势不祥兆。
三只乌鸦天上飞，高开低走个个黑。	淡友反攻疲惫样，只能适宜来做空。
顶部出射击之星，手中之筹码快清。	平顶图形气数尽，迅速离场我自信。
顶部之身怀六甲，涨跌仔细辨真假。	T 字线上达顶部，抛筹码不要计数。
见到下跌转折线，细看图形似宝剑。	遇到下降抵抗形，肯定阴线不见晴。
低档盘旋藏杀机，麻痹大意坐滑梯。	黄昏之星走到头，千万别做死多头。
顶部出现塔形顶，空方肯定设陷阱。	顶部出现假三阳，一定离场把它防。
顶部看到搓揉线，赶快离场钱兑现。	空方尖兵真是凶，下影试探求反攻。
遇见下跌三连阴，肯定大跌箭穿心。	一看下跌三颗星，别急仔细要辨清。
涨势尽头线出现，就要下跌把你陷。	降势三鹤落图上，三阳做客喜洋洋。
上档盘旋藏杀机，时间过长会走低。	顶部站着黑三兵，转向定要看得清。
两个黑夹着一红，多方可能要走熊。	顶部一见十字长，快快离场求安详。
徐缓下降逗英雄，再不离场钱袋松。	下跌覆盖线一见，说明头部已出现。
平底出现细观察，试探买入手不麻。	曙光初现地平线，抢点筹码是理念。
旭日东升放光芒，全仓买入就起航。	好友反攻探底明，肩底呼应更见晴。
底部现穿头破脚，又见买入机会来。	底部见到锤头线，双底呼应又出现。
底部身怀六甲形，请试探抢入筹码。	底部螺旋桨现形，只是等待风吹响。
早晨之星东方明，带有缺口更见晴。	末期下跌三连阴，随时进场捡黄金。
二红夹着一个黑，多方笑着送春归。	底部塔形底构成，装水股价起升程。
底部出现十字长，真是典型组合强。	阳线右肩十字长，初涨阶段逗凶狂。
底部见到倒锤头，上影线长喜心头。	升势之中见三鸦，明明蓄势在待发。
多方尖兵真是凶，插入空方阵营中。	底部出现红三兵，均线之上北斗星。
倒 T 字线到底部，上影线长高八度。	底部见到 T 字线，庄家震荡把人骗。
底部见到尽头线，典型组合是宝剑。	底部见到头肩底，关注股价右肩起。
双底图形看颈线，突破回试是关键。	V 形反转真是凶，典型定式记心中。
底部直角三角形，三底相同一线擎。	上升直角三角形，两点买入可真灵。
上升旗形记心中，咬定两点不放松。	下降楔形要记好，图形就是旗三角。
突破缺口向北行，成交量大把它赢。	岛形反转在底部，加仓买入别回吐。
圆底图形细观察，沿着弧度缓慢爬。	高空见到头肩顶，头肩离场脑清醒。
空中出现圆弧顶，缓慢下沉有人领。	尖顶图形气势凶，一飞冲天去无踪。
扩散三角是喇叭，震荡左小右边大。	岛形反转在顶部，卖出就在缺口处。
上升楔形假上攻，最后还是往下冲。	下降旗形是火坑，高点上移假拉升。
下降直角三角形，低点处于同水平。	下降收敛三角形，震荡变小方向明。